安徽省省级专业综合改革试点（国际经济与贸易专业）
安徽省省级示范基层教学组织（国际经济与贸易教研室）
安庆师范大学校级一流专业（国际经济与贸易专业）
安庆师范大学校级优秀基层教研室（国际经济与贸易教研室）
安徽省新文科、新医科研究与改革实践项目"基于商业、
技术与人文融合的新商科应用型人才培养模式创新"

项目成果

高校国际经济与贸易专业建设探索与实践

殷功利　杨国才　主编

中国科学技术大学出版社

内 容 简 介

本书为安徽省高等学校国际经济与贸易专业综合改革试点项目研究成果。主要内容包括安庆师范大学国际经济与贸易专业建设、课程建设、教学方法改革等,旨在为高校国际经济与贸易专业建设及发展提供参考和借鉴。

本书面向国际经济与贸易专业的研究者、相关领域的从业者。

图书在版编目(CIP)数据

高校国际经济与贸易专业建设探索与实践 / 殷功利,杨国才主编. -- 合肥:中国科学技术大学出版社,2025.4

ISBN 978-7-312-03698-9

Ⅰ. 高… Ⅱ. ①殷… ②杨… Ⅲ. ① 高等学校—国际经济—学科建设—研究 ②高等学校—国际贸易—学科建设—研究 Ⅳ. ①F11-14 ②F74-41

中国版本图书馆 CIP 数据核字(2021)第 252915 号

高校国际经济与贸易专业建设探索与实践
GAOXIAO GUOJI JINGJI YU MAOYI ZHUANYE JIANSHE TANSUO YU SHIJIAN

出版	中国科学技术大学出版社
	安徽省合肥市金寨路 96 号,230026
	http://press.ustc.edu.cn
	http://zgkxjsdxcbs.tmall.com
印刷	江苏凤凰数码印务有限公司
发行	中国科学技术大学出版社
开本	710 mm×1000 mm　1/16
印张	8.25
字数	176 千
版次	2025 年 4 月第 1 版
印次	2025 年 4 月第 1 次印刷
定价	50.00 元

前　　言

　　改革开放以来,中国的对外贸易取得了长足发展,成为拉动经济增长的"三驾马车"之一。外贸发展,人才为本。高校国际经济与贸易专业是培养国际经济与贸易高级人才的摇篮,建设好高校国际经济与贸易专业是我国外贸行业发展的客观需要。近年来,国际贸易格局、企业组织管理方式、国际贸易有关政策均发生了重要的变化。这三方面的变化具体表现为服务贸易的比重大大提高,产业链、供应链和价值链的管控越来越重要,零关税、零壁垒和零补助是大势所趋。

　　在我国改革开放的大潮中,越来越多的高校开设国际经济与贸易专业,国际经济与贸易专业一度享誉"最热门专业"。各所高校在专业建设方面也已经取得了一系列重要成果,国际经济与贸易专业人才培养质量获得了极大提升。但国际经济与贸易专业建设是一项系统工程,涉及专业建设思路、专业特色定位、专业培养目标、专业课程建设(包括课程思政)、专业教材建设、专业师资队伍建设、实验实训基地建设、专业教学资源库建设等诸多方面。目前我国国际经济与贸易专业建设存在一些突出问题,怎样建设好国际经济与贸易专业仍然是一个急需探讨的复杂的重大课题,国际经济与贸易专业建设任重而道远。

　　安庆师范大学高度重视国际经济与贸易专业建设,并取得了一系列积极进展:安庆师范大学国际经济与贸易专业获批安徽省专业综合改革试点项目、安庆师范大学校级一流本科专业项目;所属教研室获批安徽省省级示范基层教学组织(国际经济与贸易教研室)项目、安庆师范大学校级优秀基层教研室(国际经济与贸易教研室)示范项目。安庆师范大学经济与管理学院师资队伍整体实力比较雄厚,拥有教授2人,副教授6人,博士7人;主持国家社科基金项目2项,教育部人文社科基金项目2项,安徽省哲学社会科学规划项目7项,安徽省软科学项目3项,安徽省高校人文社会科学研究重点项目4项,横向课题20多项;主编出版了《国际贸易理论与政策》《国际经济学》《世界经济概论》《商务谈判》《国际经济合作教程》等安徽省高等学校"十二五""十三五"省级规划教材;学生作品《金融生态视角下小微企业民间融资调查报告》在第十三届"挑战杯"全国大学生课外学术科技作品竞赛中荣获二等奖,另有学生作品在安徽省大学生国际贸易综合技能大赛中两次荣获一等奖;国际经济与贸易专业建设得到教育部高等学校国际经济与贸易专业教学指导委员会和安庆市有关领导的重视。

安庆师范大学经济与管理学院广大师生积极参与国际经济与贸易专业建设,在国际经济与贸易专业建设思路、创新创业、教育教学改革、课程思政改革、第二课堂建设、专业品牌赛事等方面,进行了大胆探索和创新,呈现出一系列对国际经济与贸易专业建设具有理论价值和实践意义的教研教改精品力作。本书收录了近几年安庆师范大学经济与管理学院国际经济与贸易专业建设方面的部分教研教改成果,分为国际经济与贸易专业建设探讨、国际经济与贸易专业课程建设探析、国际经济与贸易专业教学方法改革研究、对外贸易发展研究与实践四章,内容彰显了安庆师范大学重视从理论上引导国际经济与贸易专业建设,从实践上夯实国际经济与贸易专业建设,从创新上深化国际经济与贸易专业建设的卓越教学实践。本书的撰写者,有在校学生,有专业教师,有团学工作者,有校院领导,体现了安庆师范大学国际经济与贸易专业建设取得的每一项成果,都是安庆师范大学全体师生集体智慧的结晶和集体努力的结果。

本书主要内容为国际经济与贸易专业建设所做的理论探讨和实践设计,希望对推动高校国际经济与贸易专业的学科建设尽一点微薄之力。

本书是安徽省专业综合改革试点(国际经济与贸易专业),安徽省省级示范基层教学组织(国际经济与贸易教研室),安庆师范大学校级一流本科专业(国际经济与贸易专业),安庆师范大学校级优秀基层教研室(国际经济与贸易教研室)项目,安徽省新文科、新医科研究与改革实践项目"基于商业、技术与人文融合的新商科应用型人才培养模式创新"等研究的阶段性成果。

编　者

2024年4月

目 录

前言 ……………………………………………………………………（ i ）

第一章　国际经济与贸易专业建设探讨 …………………………（ 1 ）
　"一带一路"背景下国贸专业人才培养模式改革探析 ……………（ 2 ）
　高校经管类专业文理生源成绩差异分析与思考
　　　——以政治经济学为例 …………………………………………（ 7 ）
　基于应用型人才培养的政治经济学教学改革探讨 ………………（ 12 ）
　本科高校国际贸易专业课程设置思考 ……………………………（ 17 ）

第二章　国际经济与贸易专业课程建设探析 ……………………（ 26 ）
　创业就业能力背景下国际贸易理论与政策教学研究 ……………（ 27 ）
　高校思想政治教育融入创新创业教育路径研究 …………………（ 34 ）

第三章　教学方法改革研究 ………………………………………（ 40 ）
　西方经济学经典案例教学特点、问题与本土化路径 ……………（ 41 ）
　地方高师院校微观经济学教学效果改进探讨 ……………………（ 47 ）
　情景模拟教学法与应用性课程教学改革研究
　　　——以"商务谈判"情景模拟教学实践为例 …………………（ 51 ）
　国际结算多维教学方法研究 ………………………………………（ 57 ）
　基于翻转课堂的国际贸易理论与政策课程思政教学改革探析 …（ 62 ）

第四章　国际经济与贸易专业实践 ………………………………（ 65 ）
　安庆市出口贸易与经济增长的实证分析 …………………………（ 66 ）
　欧美"双反"背景下我国出口龙头企业尚德破产反思 ……………（ 71 ）
　岳西翠兰参展策划书 ………………………………………………（ 77 ）
　小豹翻译棒参展策划书 ……………………………………………（105）

附录　安庆师范大学国际经济与贸易专业建设主要历程 ………（125）

后记 ……………………………………………………………………（126）

第一章
国际经济与贸易专业建设探讨

  安庆师范大学于2005年开设国际经济与贸易专业,2013年获安徽省教育厅批复同意与美国索尔兹伯里大学合作培养国际经济与贸易专业本科学生,2015年获批安徽省质量工程综合改革试点项目(国际经济与贸易专业),2017年获批教育部产学合作协同育人项目,2019年获批安庆师范大学"一流专业"(国际经济与贸易专业),2020年获批安徽省省级示范基层教学组织(国际经济与贸易教研室)项目。安庆师范大学经济与管理学院广大教师对国际经济与贸易专业建设十分重视,近几年从调整人才培养目标、重构课程体系、加强核心教材与特色课程建设、重视第二课堂建设、探索课内与课外的衔接机制、搭建创业实战平台、推动学生真实创业、深化服务理念、推动教学管理改革等视角对国际经济与贸易专业建设进行了深入探讨。本章的教研教改论文对国际经济与贸易专业建设有较为系统的思考,内容丰富,视角多维,探讨深刻,为高校推动国际经济与贸易专业科学发展提供了理性思考和举措途径。

"一带一路"背景下国贸专业人才培养模式改革探析[①]

作为我国经济发展的新战略,"一带一路"倡议的提出,对我国建设多边自由贸易体系、实现贸易自由化起到了重大推动作用,成为我国外贸增长的新引擎,市场对国贸专业人才需求加大。面对国际政治经济背景的新变化,我国国贸专业需在人才培养上适应市场需求。然而,目前我国国贸就业市场上存在人才供给不适应需求的结构性过剩现象,说明当前我国国贸专业人才培养模式与市场对国贸专业人才的需求没有实现很好的对接。因此,在当前我国实施"一带一路"倡议的新背景下,如何改革和完善国贸专业人才培养模式成为高校经济类学科亟待探究的教学课题。

一、"一带一路"背景下市场对国贸专业人才的要求

(一)需求数量不断增加

"一带一路"倡议的实施,给我国外贸企业带来巨大发展机遇,对外贸易规模不断扩大。特别是在双向投资快速增长的背景下,必然涌现大批跨国公司,进而对国贸专业人才需求不断增加。[1]

(二)市场开发能力渐受重视

随着我国外贸在国际市场地位的提升,企业扩展海外市场和参与国际竞争的积极性不断增强,对国贸人才的能力要求也不断提高。面向"一带一路"倡议的企业不仅要求国贸人才掌握全面的国际贸易专业知识和技能,还要求具备市场开发、市场分析维护和业务拓展能力。

(三)创新能力和创业能力成为市场需求的新能力

2013年,我国先后提出了"一带一路"倡议和"大众创业、万众创新"思路。[2]一方面,随着两大举措的不断推进,巨大的市场需求会吸引大量国贸专业人才加入我国与"一带一路"倡议沿线国家的经贸活动,因此,需在国贸专业人才培养模式中注重创业能力的培养。[3]另一方面,随着两大政策的落地,企业意识到,想要持续发展需进行不断地创新,而企业创新离不开创新型人才的支持,因此,企业要求国贸专业人才拥有创新意识、具备创新能力。

[①] 本文原载于《中国市场》2017年第28期,作者汪颖颖。

（四）职业道德素养要求不断提高

虽然不同企业对人才要求各不相同,但几乎所有企业都要求国贸专业人才忠诚、爱岗敬业、有奉献精神。究其原因,是因为目前不论是大型企业,还是中小型企业,在招聘人才后,都要对其进行培训,若员工不具备职业道德素养,一旦出现人才流失,不仅会造成企业招聘成本和培训成本的浪费,甚至有可能造成企业商业信息、技术秘密泄露从而给企业经营带来风险。因此,随着面向"一带一路"倡议的企业对国贸专业人才需求的增加,对人才职业道德素养要求也不断提高。

二、当前国贸专业人才培养模式存在的问题

（一）培养目标趋同

目前,全国大多数本科院校开设了国贸专业,它们的培养目标趋同,培养定位基本都是让学生将校内所学专业理论知识应用到外贸领域实践中去,缺乏人才培养的特色与层次性。事实上,这些本科院校中,不管是区位条件、教育资源还是师资力量,地方高校与知名高校之间在人才培养质量上都必定存在一定差距,而培养目标的趋同必然导致人才培养的质量差异,从而降低地方院校毕业生服务地方的积极性,影响地方院校服务地方职能的发挥。

（二）课程设置不合理

目前,我国高校国贸专业课程设置不合理,主要表现为:一方面,课程体系形式单一,重理论轻实践。课程形式单一,理论课程比例过大,实践课程开设较少且形式大于内容,导致大多数毕业生个人实践能力不足,影响就业。另一方面,课程内容陈旧。现有的课程内容与企业现实业务流程相差甚大,无法与飞速发展的经济、企业运行模式相适应。此外,各科课程之间内容重复现象严重,例如,国际贸易实务与国际结算这部分教学内容,一门课程讲授完,另一门课程又讲授一次,不仅加大了教师的不必要劳动,也造成学生的逆反心理,降低了学习兴趣。

（三）缺乏对学生创新创业能力的培养

目前,我国高校国贸专业人才培养中缺乏对学生创新能力与创业能力的培养。一方面,我国高校国贸专业教学中仅强调国贸理论和国贸规则等方面的讲授,缺少对学生创业能力与创业意识的培养;另一方面,我国高校评价体系不科学,对学生的考核仅根据考试分数以及平时的"点名",无法体现学生潜在的创新能力,再加上国贸专业人才培养中存在"被动实践"问题,学生解决实际问题的能力缺乏,学生创新能力有待提高。

（四）不重视跨语言交流能力的培养

外语是重要的交际工具，但目前很多高校缺少相关国情民族文化课程，造成学生跨语言交流能力较弱，无法适应复杂的国际经贸环境。[4]虽然目前高校考虑到外语的重要性，普遍要求国贸专业学生要拿到英语四级或六级证书才可毕业，但调查发现，企业认为英语等级证书本质上属于"哑巴"英语证书，对外贸实践用处不大，企业更加看重员工的英语听力、口语和写作能力。由此可见，高校对国贸专业学生外语能力的培养注重的是学生的考证能力，明显低于企业对学生个人外语素养方面的要求。

（五）师资队伍素质急需提升

我国高校国贸专业师资队伍整体素质不高，主要表现为：一是国贸专业教师外语水平有待提高。目前，高校国贸专业教师的双语水平虽有一定基础，但毕竟不是外语专业出身，听力和口语较差，无法用外语流畅表达专业知识。二是国贸专业知识与企业外贸实践经验兼具的"双师型"教师匮乏。国贸专业是一门实践性很强的专业，要求教师兼具理论知识和实践经验，以更好地引导学生将理论转化为实践。但目前国贸专业的教师，大多数是从学校到学校，缺乏在企业实践的经验，或者是实践经验丰富但国贸专业知识缺乏的企业从业者，理论知识和实践经验兼具的教师凤毛麟角。

三、"一带一路"背景下国贸专业人才培养模式改革建议

（一）科学定位培养目标

从高校自身和企业需求两个角度出发，科学定位培养目标。一方面，根据高校自身情况科学设置培养目标。不同高校，由于教育资源、师资力量和整体水平的差异，人才培养质量上必然存在差距，若统一设置培养目标必然会导致人才培养的质量差异，因此，应根据高校自身情况科学设置符合自身特色的国贸专业培养目标，以培养出更能服务地方的国贸专业毕业生；另一方面，根据地方特色科学定位培养目标。在人才培养模式设置中让企业全程参与，实现教学过程企业化，密切关注企业对毕业生的满意度，不断发现问题，调整培养目标，进行人才定制化培养。[5]根据当地企业对岗位职业能力的要求设置培养目标，将企业要求的国贸专业职业资格证书的考试内容融入国贸专业人才培养方案中，使教学内容与职业岗位要求及职业资格证书考试内容相一致，使人才培养质量适应企业需求，进而与行业发展趋势对接。

（二）推进课程体系改革

加强课程设置与社会需求的对接，提高教学质量。第一，增加实践课程比重，

注重实践能力的培养,让学生通过实践提高自己理论联系实际的能力;第二,课程设置中,进行必要协调,避免让各科不同课程之间出现内容重复现象,减少教师的不必要劳动;第三,注重关联课程的学习,增强"一带一路"沿线国家经济发展历史、现状和趋势、沿线国家商贸规则和市场战略等课程的教学力度,进行针对性的就业指导,让学生对未来就业所需具备的能力有全面的认识,提高外贸工作能力,契合企业需求。

（三）培养学生的创新创业能力

注重学生创新创业能力的培养,提高学生的国际化培养水平。首先,制定科学的评价体系,根据企业对毕业生的满意度来对人才培养结果进行评价打分,从中发现问题,以改进培养措施,改变学生的"被动实践"问题,培养学生的创新能力。其次,引入创业导师制,在导师的选择上,除了国贸专业教师之外,还应邀请地方业界成功人士开展讲座,拓宽学生国际化职业规划视野,培养学生的创业能力。最后,在国贸专业人才培养方案中,增加拓宽学生视野和能力的课程,设立创新创业学分,培养学生的创新创业能力。

（四）注重学生跨语言交流能力的培养

由于外贸企业需与国外客户交流联络,因此企业在用人时会重点考虑国贸专业毕业生的跨语言交流能力。虽然各大企业对外语能力的要求不尽相同,但通常均要求毕业生拥有外语听、说、读、写能力,能与外商进行贸易磋商进而签订合同。由于"一带一路"沿线各国语言丰富,国情不尽相同,因此,在教学中,不应只限于教授传统的英语、日语、法语,还应开设"一带一路"沿线国家的小语种课程与相关国情民族文化课程,培养语言环境[6],以提高学生的外语综合应用能力、表达沟通能力和跨语言交流能力,适应企业需求。

（五）加强师资队伍建设

只有好的师资队伍才能培养出高素质人才。首先,要大力引进既懂国贸专业知识又具备良好外语水平的复合型教师,通过双语教学,强化学生的国贸知识和外语能力,提高学生的综合素质能力;其次,要大力引进互联网人才,重视互联网在国贸专业中的重要性,实现外贸知识和网络经济的融合,提高学生的互联网商务水平;最后,培养理论知识与实践经验兼具的"双师型"教师,建设"双师型"专业教学团队。一方面,可以引进企业国贸资深人员作为兼职教师加入教学团队,专兼职教师共同授课,加强兼职教师管理,实现校内专任教师和企业国贸资深人员相结合、课堂教学和企业实践相结合。另一方面,可以定期、轮流选派教师到国内外高校和外贸企业接受先进理论和实践培训,通过理论和实践的结合,了解外贸企业对国贸人才的需求,进而在教学中引导学生朝此发展,以实现国贸专业人才培养目标。

【参考文献】

[1] 薛鹏,武戈,邵雅宁."一带一路"背景下国贸专业国际化人才培养模式探析[J].对外经贸,2015(12):143-145.

[2] 曹志朋.经济新常态下推进我国大众创业的财政政策支撑研究[D].桂林:广西师范大学,2016.

[3] 肖晓芳.高校创业型人才培养模式研究[D].武汉:中南民族大学,2010.

[4] 王干湘,钟静磊."一带一路"背景下国贸专业国际化人才培养模式探析[J].教育现代化,2016(20):7-8.

[5] 纪楠.黑龙江省国家示范性高职院校人才培养模式的研究[D].哈尔滨:哈尔滨师范大学,2013.

[6] 沈骑."一带一路"倡议下国家外语能力建设的战略转型[J].云南师范大学学报(哲学社会科学版),2015(5):9-13.

高校经管类专业文理生源成绩差异分析与思考
——以政治经济学为例[①]

当今世界正处在大发展大变革时期,人才竞争日趋激烈。适应新时期发展需要的人才,应该是文理贯通、具有多元思维模式、人文和科学素养兼备的复合型人才。[1]随着社会对复合型人才需求的增加,不少高校在专业设置和学生招收中纷纷打破文理界限,实行了文理兼收的招生模式,文理兼收已经成为当前高等教育发展的趋势。安庆师范大学自2005年开始先后在物流管理、市场营销、国际经济与贸易、财务管理、金融工程等经管类专业实行了文理兼招,学校在课程设置上淡化文理科界限,采取文理科学生合班教学的模式。但是在实际教学过程中,有些教师反映文理科学生在某些课程的学习上两极分化较严重。那么文科学生与理科学生在经管类专业学习过程中是否存在着差异,尤其对于理论性较强的政治经济学课程,在知识点的理解与掌握方面是否存在显著性差异呢?笔者对此展开了一系列的对比分析研究。

一、研究设计

1. 研究对象

以安庆师范大学2013级物流管理、市场营销、金融工程、国际经济与贸易、财务管理专业本科6个班级281名学生(文科生源171人,理科生源110人)作为研究对象,不同专业学生在录取形式、学历等方面没有明显差异,具有可比性。

2. 研究方法

为了考查文科学生和理科学生在自然状态下学业成绩是否具有差异性,本研究对各班教学没有进行任何特殊的干扰,各班级政治经济学教学采用同一教材、同一教学大纲,不同班级教学课时、教学条件和授课方式完全相同。课程考试实行试卷库随机抽取试卷的办法,所有班级实行同一试卷闭卷考试,阅卷、评分、成绩统计均实行流水作业。我们将学生政治经济学考试成绩建立数据库,利用统计软件SPSS 19.0进行统计分析,分别计算出政治经济学成绩的平均分和标准差,并通过独立样本 t 检验进行差异显著性检验分析。

二、结果与分析

1. 文理科生学习成绩比较

根据统计结果,文科生的平均分成绩以及及格率都显著高于理科生,文科生的

[①] 本文原载于《科技创业月刊》2016年第10期,作者张时玲。

最低分、最高分也稍高于理科生。根据 t 检验结果,证明文科生、理科生的政治经济学成绩是存在显著差异的,具体情况见表1.1。

表1.1 文理科生源学生政治经济学成绩对比

	最低分	最高分	及格率	平均分	标准差	t值	P值
文科生 (171人)	46	94	88.3%	72.01	10.88	3.973	0
理科生 (110人)	41	92	69.1%	66.63	11.36		

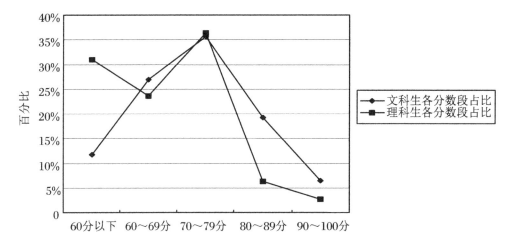

图1.1 文科生源与理科生源各分数段成绩比例对比表

从图1.1看,文科生与理科生的政治经济学成绩都基本符合正态分布,70～79分数段学生比例都是最高,分别为35.7%与36.4%。但文科生高分数段比例大大高于理科生,80～89分数段为19.3%,高于理科生的6.4%。90～100分数段为6.4%,也高于理科生的2.7%。相反,理科生的低分段比例则较高,尤其是60分以下(不及格率)高达30.9%,大大高于文科生的11.7%。这是造成理科生整体平均分偏低的重要因素。

2. 文理科学生成绩差异的原因分析

根据调查,我们发现学习兴趣、学习方法及学习能力是文理生源对政治经济学学习产生差异的主要原因。

(1) 理科学生对政治经济学缺乏学习兴趣。学习兴趣是推动学生认真学习的内在动力。高中阶段的分科主要就是依据兴趣进行划分,理科学生在分科的时候就认为自己不擅长文科的学习,从而在内心产生了抵触情绪。而且近年来,某些中学为追求高升学率在高一阶段就进行文理分科,直接导致这部分理科学生的文科基础薄弱。因此,一些理科的学生不喜欢政治经济学的课程,缺乏学习兴趣。而文科生在高中阶段学习过且高考考过经济常识,所以政治经济学的学习基础较牢固,经济理论理解能力较强,因此,学习兴趣明显高于理科生。文科生对政治经济学学习兴趣较高与很高的比例高达56.1%,而理科生只有28.2%(见图1.2)。由于理科生学习兴趣不足,往往无法学好政治经济学。

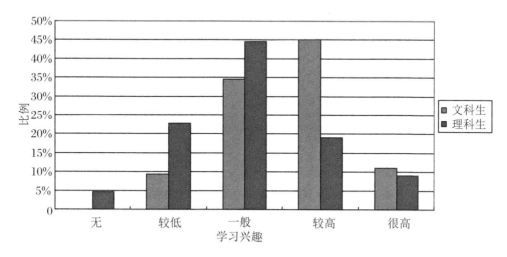

图1.2 文理生源对政治经济学学习兴趣差异图

(2) 部分理科学生对政治经济学学习缺乏有效的学习方法。政治经济学作为经管类各专业的专业基础课,属于理论经济学范畴,其概念比较抽象、内容较为深奥,理论性和逻辑性比其他文科课程强,而且其理论内容是环环相扣的,只要前面的知识点未能掌握,就会影响后面的学习。因此,想通过考前突击背诵来顺利通过考试往往是行不通的。许多理科生在接触劳动价值理论时未能完全理解与掌握,以致影响后面对剩余价值理论、资本积累理论以及社会资本再生产等理论的理解。如果对整体知识似懂非懂,光知道死记硬背,是学不好政治经济学的。

(3) 文理科学生对政治经济学的接受能力不一致。由于基础和学习能力的差异,文理科学生对政治经济学知识的接受能力也不一致。文科生对政治经济学知识能大部分理解和完全理解的比例为50.8%,而理科生只有35.5%(见图1.3)。文科学生对政治经济学的基本概念和基本原理有一定基础,所以在深入拓展经济理论时,他们完全可以跟上老师的节奏;而理科学生本身就对价值、使用价值、社会必要劳动时间、资本、剩余价值等抽象的概念不理解,再深入剖析经济原理,他们更感觉"如坠云雾之中"。由于理解程度不同,文理科学生对教师教学进度和深浅程度的要求自然存在差异。理科学生需要反复讲解才能理解;而文科学生则觉得讲解一遍即可,如果重复次数过多,则容易丧失听课兴趣,进而影响对后续内容的专注力。文科学生希望教师进一步拓展,多介绍理论前沿知识,而大部分理科学生则不希望进一步拓展知识。因此,如何照顾文理科学生的学习能力,掌握好教学的进度和深浅程度,[2]也是政治经济学教学中最为重要的一点。

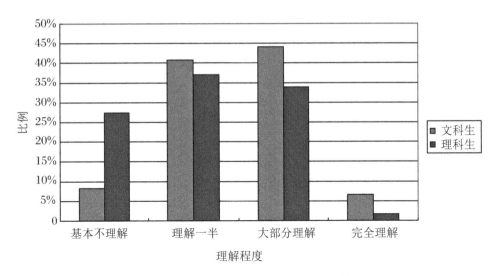

图 1.3 文理生源对政治经济学知识理解程度的差异图

三、启示与建议

我国各高校经管类专业在文理兼招后,一般都取消文理科学生的区别,按同一教学要求合班上课。政治经济学作为经管类专业的一门重要的专业基础课,一般都是在大一第一学期开设,它对后续专业课程的学习起重要作用。政治经济学由于理论性强,内容抽象,教学课时少,被很多学生视为学习难度较大的课程之一。从本次研究结果来看,文科生的政治经济学成绩明显优于理科生。而造成学习成绩差异的原因主要源于文理科生学习兴趣、学习方法和学习能力等方面的差别。目前,政治经济学教师是面对两种不同学习兴趣、不同知识基础、不同接受能力的学生采用同一教学目标进行同步教学,这种统一的教学模式不仅打击了学生的学习积极性,也造成教师教学的困境。为了让教学方法更贴近学生实际,也为了让教学效果更好,教师有必要引入分层教学。分层教学是指教师根据学生已有的知识基础和能力水平、个性特长、接受能力及认知水平等方面的差异,在教学活动中把不同程度的学生分成不同的层次,并提出不同的教学目标、方法,使所有学生在学习过程中都能各尽其能,主动地获取知识,感受成功的愉悦,并在原有的知识基础上获得更好的发展和提高,从而取得最佳的教学效果,促进学生良好个性、潜能的发展。

目前,安庆师范大学经管类各专业理科生招生比例只占 30% 左右,按文理科生源进行分班,操作起来尚不现实,比较现实的做法是采取一个班级授课、两个层次要求的教学形式,即设置两个层次的教学目标,以适应不同认知水平的学生的学习需求。对文科学生,要求其基本掌握政治经济学知识外,还要其加深和拓宽知识面,引导他们主动学习理论前沿知识。对理科学生,以政治经济学教学大纲的基本要求为教学目标,适当降低理论学习的难度,教师要注意激发他们的学习信心,给予及时帮助,对于成绩进步者,可以提高学习难度,跟进深一层次的教学内容。具体措施如下:

(1) 预习分层。为了使学生更好地吸收课堂教学内容,教师应给不同基础的学生布置不同的预习内容。对基础差的理科生,主要布置容易理解的基础知识准备,以增强对课堂教学内容的理解能力,跟上教师的教学进度。而对于基础好的文科生可以布置一些课外知识准备,拓宽其知识面,开拓其思维,促进他们对现实问题进行经济学思考。

(2) 课堂教学分层。课堂教学过程中,教师讲课的目标应定位于学生的整体水平,既要让理科生听懂,又要让文科生有收获。教师可以通过师生互动活动来达到分层教学目标。课堂教学中,教师可以提出一些容易回答的问题,让基础较差的理科生有表现的机会,教师及时进行鼓励与赞扬,增强他们学习的信心,激发其学习兴趣。同时教师也应安排一些需要深入思考的拔高性问题,让基础好的文科生从问题的回答中获得思维的锻炼。

(3) 课后练习分层。作业是学生掌握和巩固所学知识的重要环节,也是教师检查教学目标达成度的必要手段。[3]布置作业前,教师应认真仔细地分析作业练习题,将习题划分为基础题和拔高题。学生可以根据自己的接受能力自由选择作业习题。通过层次性作业的训练形式,来激发学生的学习兴趣和学习积极性,巩固学生所学知识,拓宽其知识视野。

总之,通过分层教学,可使部分基础较薄弱的学生更有针对性地夯实基础,也使基础较好的学生更能专注于培养经济学思维,提高经济学素养,增强利用经济学理论分析问题和解决问题的能力。

【参考文献】

[1] 陈光明,王先荣.高师英语专业文理生源学生基础阶段学业成绩对比研究[J].安庆师范学院学报(社会科学版),2010,29(3):56-58.

[2] 刘恩玲,等.高职有机化学专业文理生源差异分析及教学策略研究[J].职业教育研究,2011(6):98-99.

[3] 朱钰铧,张艳艳,曾金明.文理兼收专业电路基础的分层教学[J].安徽电子信息职业技术学院学报,2012(1):36-38.

基于应用型人才培养的政治经济学教学改革探讨[①]

随着我国高等教育进入大众化阶段,高等教育既存在发展的机遇也面临严峻的挑战。发展应用型本科教育,培养应用型人才已成为我国地方本科院校的普遍选择。[1]当前,地方本科院校纷纷以学科建设为龙头,加大专业结构调整力度,改造传统专业,增设新兴专业,加大应用类专业比例。市场营销、国际经济与贸易、物流管理、财务管理、金融工程等应用性很强的经管类专业的设置正是地方本科院校转型改革、优化专业结构的产物。而作为经管类各专业重要基础课程的政治经济学,这一传统理论课的教学如何适应应用型人才培养目标的要求,如何在应用型人才培养方面发挥作用等问题,值得我们深入探讨。

一、政治经济学教学改革的必要性

(一)对政治经济学进行教学改革是适应应用型人才培养目标的要求

目前高等教育正面临着两方面的挑战:一是来自就业的压力。二是来自社会对大学生应用能力要求的提高。培养具有实践能力和创新能力的适应社会发展的应用型人才成为高等教育的基本功能和发展方向。

政治经济学作为研究社会生产、交换、分配和消费等经济关系,揭示经济规律的一门学科,传授的主要是经济基础理论。政治经济学是经管类专业的"入门课"与专业基础课,同时又是经管类专业的核心课程。政治经济学理应服务于地方本科院校应用型人才的培养目标,在经济与管理类应用型人才培养方面发挥重要作用。也就是说,政治经济学应该通过传授经济基础理论,培养学生的专业素养,着力提高学生经济理论的应用水平和解决现实经济问题的能力。

(二)对政治经济学进行教学改革是应对高等教育大众化的现实选择

随着高等教育进入大众化阶段,地方本科院校学生的学习基础牢固性、学习能力和学习自觉性与过去精英教育阶段相比,明显下降。而且近年来,某些中学为追求升学率在高一阶段就进行文理分科,直接导致学生知识结构不合理,经济学的学习基础较薄弱。政治经济学课程只有积极主动地适应高等教育大众化的新形势,改革教学模式,才能从根本上提高教学质量。

---

① 本文原载于《安庆师范学院学报(社会科学版)》2015年第5期,作者张时玲。

(三)对政治经济学进行教学改革是顺应以能力为重点的素质教育的要求

传统的教育质量观,即以大学生掌握知识多寡与深浅来评价教育质量高低的知识质量观,显然不能适应经济社会发展的需求。知识经济时代,理应以能力的高低作为评价教育质量的标准。[2]就政治经济学课程而言,不是让学生学得越多越深越好,而是要以应用为目的,重点要放在培养学生应用政治经济学解决实际问题的能力上,放在学生掌握经济学的思维方法上。为此,我们应对政治经济学的教学方法与手段进行改革。

二、政治经济学教学中存在的问题

从目前政治经济学的教学状况看,不管是教学体系、教学内容,还是教学方法,都与应用型人才的培养目标的要求存在一定差距。

(一)内容体系陈旧、混乱,缺乏时代性

改革开放以来,政治经济学虽然取得了一些新的突破和发展,但总体看来其内容相对陈旧,教材改革更新速度滞后于实践的发展。如很多教材的内容体系依然采取"二分法",也就是基本上把政治经济学还是划分为两大部分,即资本主义政治经济学和社会主义政治经济学[3]。而且,对资本主义政治经济学部分的分析,主要还是偏重于自由竞争的资本主义阶段,对现代资本主义新问题、新特点的理论研究比较缺乏。而社会主义政治经济学部分的分析也主要是结合中国改革开放的实践,以我国经济体制改革过程中的政策措施和政策文件为内容编写的。社会主义政治经济学部分的内容逻辑松散,未能与资本主义政治经济学部分的内容从理论逻辑上进行整合,以形成统一的理论体系。缺乏一般性的分析,理论深度不足,缺乏对具有规律性的经济现象的剖析,也未能及时地反映社会主义经济运行中出现的新情况和社会经济热点问题,缺乏时代感。

(二)内容抽象,对现实缺乏说明和解释

政治经济学作为经济与管理类各专业的专业基础课,属于理论经济学范畴,其概念抽象、内容较深奥,理论性和逻辑性较强,学生普遍反映学习难度大。同时,政治经济学的教学内容与现实实践之间存在着一定的脱节现象[4],对于现代的学生来说,更难以理解与把握。因为,政治经济学的主要理论基础是马克思和恩格斯在19世纪创立的,而当代资本主义和社会主义都经历着新的发展和变化,出现了许多新现象、新特点和新问题,与资本主义发展初期相比已有了很大的变化与区别,显然,马克思主义政治经济学中的某些结论对现实经济已缺乏足够的解释力。但是,目前大部分教材的内容,并没有对现实进行深入的说明和分析,依然停留在意识

形态的说教上，没有根据现实调整教学内容，解决学生感到困惑的理论与现实问题。

（三）教学方法单一，缺乏与学生的互动

由于政治经济学理论性很强，在教学中教师还是习惯于采取传统的"填鸭式"教学模式。教师在教学活动中是绝对的主角，教师只管按教材内容讲课，不问学生兴趣，不管学生能消化吸收多少，也不注重学生所提出的问题。这样的教学模式，难以激发学生的学习兴趣和学习动力，学生对理论都难以精准把握，运用政治经济学理论来分析问题、解决问题的能力就更加欠缺了。其结果必然出现学生"上课认真记笔记，考前拼命背笔记，考后随意扔笔记"的现象[5]。

近年来，随着多媒体等现代化教学手段的运用，课堂教学比过去生动活泼了一些，但一些教师总是感觉教学时间紧，自己不详细剖析理论内容，学生就无法掌握，于是依然"满堂灌"，课堂教学成为教师的"独角戏"。而且，多媒体的使用，使有些老师的注意力主要集中在课件的使用上，老师围绕课件展开教学，学生的注意力也始终集中在屏幕上，学生对课程内容是否理解以及理解的程度如何，老师很难观察到，教学效果自然不尽如人意。

三、适应应用型人才培养目标，改革政治经济学教学模式

为适应应用型人才培养目标的需要，我们应从教学内容、教学方法、考核方式等方面对政治经济学进行教学改革，培养经济与管理类专业学生的理论应用能力、实践能力、创新能力。

（一）将理论与实践相结合，提高学生学习积极性

政治经济学作为经管类专业的"入门课"，一般开设在大一第一学期，而它的内容比较抽象，对于刚刚进入大学的新生来说，的确有一定的学习难度。因此，为了便于学生掌握基础理论，在教学中我们应该注意将理论与实践有效结合。

第一，从政治经济学基本概念的介绍入手，展开教学。教师可以在讲授教学内容前，引入一个案例或一种经济学现象，在对案例或现象进行分析的基础上，再导入讲授内容。[6]例如，在讲授资本的范畴时，可以结合生活中的例子介绍货币购买消费品与购买生产资料的区别，然后，再讲授资本的概念以及货币转化为资本的理论知识。

第二，联系现实中经济现象阐释政治经济学的基本原理。马克思主义的政治经济学诞生于19世纪中叶，它对当前的经济现象与经济问题是否具有解释力，马克思主义政治经济学理论目前是否依然具有适用性，这是教学中不可回避的问题。应该说马克思主义政治经济学的基本原理并没有过时，问题在于需结合实际对其进行深入阐释。例如，在讲授资本积累规律时，可以从我国当前存在的收入差距过大、就业难等现实问题入手，介绍马克思的资本积累理论，使学生对马克思主义政

治经济学在当代的适用性有正确的理解与认识。

(二)采用互动式教学法进行教学,提高学生的参与度

教师在教学中应采取课堂讨论、案例教学等多样化的教学方式,提高学生的参与度和学习热情。案例教学法不仅可以让枯燥的教学活动变得生动有趣,同时可以引发学生的思考,激发学生的自主性和创造性。在具体的教学活动中,教师可以根据具体的教学内容,设计或引用一些现实的案例,一边讲述现象,一边用理论去分析。也可以组织学生展开自由讨论,引导学生用理论去分析。这不仅能够提高教学效率,同时也能够切实提高学生的分析能力。如在讲述劳动价值理论时,可以选用案例"画的价格是如何决定的?",让学生们讨论"画的价值量是否是由社会必要劳动时间决定的?";在讲授资本周转时可以选用"海尔集团业务流程再造"的案例,让学生们讨论"加速资本周转有什么重要意义?"。

为了使案例教学取得良好的效果,在案例教学中要注意以下几方面:第一,案例要与所授的政治经济学基本原理有很好的契合度,要尽量选用学生们熟悉、感兴趣且富有时代感的案例。第二,在案例教学前,应对相关理论进行充分讲解,然后再介绍案例。第三,在案例讨论中要积极引导学生,并鼓励学生进行辩论。第四,教师要及时对案例进行点评总结,以加强学生的理解与认识。

(三)积极开展教学实践,激发学生的学习热情

开展教学实践,可以使学生更好地学习和运用政治经济学,促进他们学到课本以外的实际知识,增强学生感性认识,在实践中培养能力。[7]

教学实践可以采取以下的方式:第一,教学过程中让学生通过讨论确定课题,查阅资料,列出问题。可利用假期组织学生或由学生自己深入农村或企业进行调查,培养学生对经济理论和现实经济问题研究的兴趣,让学生在调查过程中对经济问题的现状有所了解,通过思考,分析其原因,并提出解决这些问题的对策,提高学生分析和解决经济问题的能力。[8]第二,在社会实践的基础上,要求学生结合实际撰写课程论文。通过论文写作,使学生对政治经济学理论的认识更加深入,以提高学生分析问题的能力。

(四)改革考评方法,全面评估学生的综合能力

学习的目的是为了应用。传统的考试方法只能考查学生对知识的记忆能力,不能考查学生的应用能力。为了避免学生"平时不努力、考前背笔记,考后全忘记"的现象出现,我们应改革考评方法。一是加大平时成绩的比重,[9]平时成绩应该根据课堂讨论、回答问题、课程小论文、考勤情况来确定,注重学生在学习过程中的行为和能力表现。二是在考试试卷设计上应加大材料分析题、案例分析题等与实际联系紧密的灵活应用题的比重,侧重考查学生理论应用能力,而不是知识记忆能力。

【参考文献】

[1] 李伯霞.提高政治经济学教学实效性的思考[J].高等教育研究,2011(3):4.

[2] 汤道湘.新建地方本科院校应用型人才培养体系的构建[J].湖南人文科技学院学报,2008(2):127-129.

[3] 祖宾.应用人才培养目标与课程教学改革刍议:以政治经济学的教学改革为例[J].中国成人教育,2009(21):2.

[4] 朱新方.大学经济学专业政治经济学教学改革探讨[J].管理科学文摘,2008(4):117-118.

[5] 焦斌龙.政治经济学教学的几点体会[J].山西财经大学学报(高等教育版),2006(2):2.

[6] 吴战勇.基于应用型经管专业人才培养的西方经济学教学改革探讨[J].南阳理工学院学报,2010(3):3.

[7] 林海萍,等.创新应用型人才培养的课堂教学改革[J].微生物学通报,2009(12):1912-1915.

[8] 邱雪超.强化政治经济学教学的实践性设计[J].铜仁学院学报,2007(2):4.

[9] 杨鹏程,陆丽芳.财经类院校政治经济学教学的困境与优化[J].高教论坛,2013(7):4.

本科高校国际贸易专业课程设置思考[①]

国际贸易专业是我国本科院校经济管理学科中的重要专业之一,为我国开放型经济的发展提供了大批高素质的国际贸易人才。但国际贸易活动正不断飞速地发展,因此,关系国际贸易持续发展的专业课程设置也必须不断创新和完善。突出专业特色、加强创新性、注重理论与实践相结合,才能培养出适合新时代经济发展所需要的新型国际贸易专业人才。

一、研究回顾

对于我国国际贸易专业课程设置问题,前人已经进行了大量研究,认为我国国际贸易专业设置问题很多,必须做出相应调整。纵观当前中国高校国际贸易专业课程设置,主要在专业培养目标、课程设置、教学方法、考试形式和教学手段等五个方面存在问题;我们应该向一些美国高校借鉴成功经验,研究它们的国际贸易专业课程设置,结合我国高校当前我国国际贸易课程设置,思考在经济一体化形势下,如何满足贸易人才经济发展的需求,专业教育如何与国际接轨;当前我国高职院校国际贸易课程改革的重点在于深入了解用人单位对高质量人才的需求,建立更加完备的"2+2+2"国际贸易专业教学体系。

然而,当前存在两个突出的现象。第一,许多高校认为国际贸易专业毕业生在经济与管理方向相关行业都可实现就业。因而,在对学生的培养方案上既无方向性、又无针对性,导致学生毕业后国贸专业素养不扎实,基础不牢靠;第二,许多高校在课程安排中杂而不精,对学生的计算机能力、英语能力、经济基础、法律基础全方位培养,面面俱到,却也面面不到,导致学生精力分散,没有侧重点。其实,专业课程的设置需要考虑学生的专业知识、人文素养、法律素养等协调培养、综合提高,以适应当前社会对高素质人才的需求。由此可见,在国际贸易课程设置的指导思想与总的原则方面,不同学者也存在不同的分歧。

从事国际经济与贸易专业教学,必须强调课程设置中专业与实践并重,两者应该相互统一;以新疆财经大学为例,该校主要存在外语课程设置不合理、实习效果不佳等问题;另外,教师对国际贸易实践工作经验的不足对课程教学有一定的影响,从而对国际贸易专业学生的职业素养提升的培养存在部分缺失;其实,教师也可以在教学中采用双语教学方法,用通俗易懂的教学方式来教导学生,使学生可以用英语来加强对国际贸易专业的学习,并且应用到现实生活中。

[①] 本文原载于《教育科学》2017年第12期,作者李裕鸿、喻洁。

目前国际经济与贸易专业的14种实践教学方法,大致可归类为双语教学、案例教学、项目认知、互动讨论法、情景教学等5类。应用这些方法既符合教学规律又符合本课程的特点。要根据本课程各章节的学校目标和特点,根据学生的具体情况和水平,使用适当的教学方法和课程设置,以达到最佳的教学效果;课程设置中案例教学要与时俱进,教师要注意国际贸易形势变化,注意实践中发生的事例,及时更新教案。案例教学会使学生在学习和掌握了一定专业知识的基础上通过剖析案例,把所学的理论知识运用到实践中,提高学生发现、分析解决实际问题的能力。

学者们关于国际贸易专业课程设置方面的研究角度较为全面,分析的角度也比较多样化,并取得了一定的研究成果。但国际贸易本身就处于不断发展、不断变化的过程中,因而为了培养出适应市场变化的功能型国际贸易专业人才,国际贸易课程设置也要不断发展与完善。在现有文献基础上,从国贸专业学生的教学角度,对国贸专业课程设置进一步深入思考,具有一定的研究价值。突出专业特色、加强创新性、同时注重理论与实践结合、培养适合市场经济需要的新型国际贸易专业人才对完善课程设置改革具有一定的积极意义。

二、当前国际经济与贸易专业课程设置分析

不同类型高校在国际经济与贸易专业课程设置方面存在一定的差异性,因此,本文对部分211重点高校、省属本科院校、职业教育院校中部分院校进行研究,其中较为代表性的几所院校开设课程见表1.2。

表1.2 不同高校国际贸易专业课程设置情况

大学名称	院校类型	主要专业课程	英语课程	实践性教学环节
安徽大学	国家211重点高校	微观经济学、宏观经济学、国际贸易实务、国际商法、国际营销、国际金融、国际保险、国际结算、外贸函电、国际经济合作、电子商务	大学英语、国际商务英语、外贸英语、英语口语	营销策划、毕业实习
安庆师范大学	省属本科院校	政治经济学、国际经济学、计量经济学、世界经济概论、国际贸易理论与实务、国际金融、国际结算、货币银行学、财政学、会计学原理、统计学等。高年级设置国际商务、国际贸易等专业发展方向	大学英语、国际商务英语、英语口语	模拟贸易往来、毕业实习
安徽工商职业技术学院	职业教育院校	微观经济学、宏观经济学、国际贸易实务、国际单证实务、报关操作、国际商务会计、国际市场营销、国际商务谈判	商务英语	模拟对抗辩论、模拟商务谈判、校企合作学习、实习

各高校国贸专业课程设置如下:

(1) 通过开设基础西方经济学课程,如微观经济学、国际经济学等,分析财政政策和货币政策对贸易发展的影响,培养学生帮助企业或机构做决策的能力。

(2) 通过市场营销等课程,帮助学生大致理解市场营销=市场策划+市场销售+市场管理,懂得国际市场营销的方针、政策与法规,了解国际贸易的营销理念。

(3) 通过管理学、会计学、国际商法等相关课程的教学,使学生掌握企业在国际贸易中如何生存经营管理,提高学生在贸易中的法律意识,规范贸易中的各种纠纷,学会用法律办事和保护自己。

(4) 通过统计学等课程,统筹规划,帮助学生掌握如何计算出国际贸易中企业公司在经营决策时需要的数据,并且数据处理后再相互比较研究得出结论。

(5) 要求学生熟悉商务伦理道德,对于国际贸易中不同国家地区的伦理文化差异,培养学生包容理解的态度,沟通协作的能力,以及更好地和团队合作。

不同类型高校的国际贸易专业课程设置中,整体具有一定相似性,其中,国际贸易实务、国际商务、国际结算等主要核心课程基本相同。但同时也存在一定的差异性,如211院校中对英语的重视程度更高,职业教育院校更强调与企业的合作。同时也反映出了我国当前高校国际贸易专业课程设置结构较为单一、实践性不强等问题。

三、当前国际经济与贸易专业课程设置存在的问题

(一) 课程体系不能适应当前专业培养目标

在传统教育模式体系的影响之下,我国高等教育对国际贸易专业的课程设置中,在教学定位方面着重于加强理论知识的培养,在实践应用能力培养方面则比较欠缺。在这种教学定位下,我国国际贸易课程专业课程教学中,教学体系建设同样存在着类似的问题。[1] 主要表现在:第一,沿用传统学科本位教学模式,突出专业性学科课程建设,理论与实践课程结合性不强;第二,课程设置教学特色不明显,课程体系设置不科学,对理论知识、专业知识考虑较多。在当前以就业为导向的大学教育下,专业课程设置科学性有待进一步完善。

(二) 课程和课时总量偏大

首先,在课程与课时量的方面,国贸专业当前的课程设置总体偏大。其中,在本科院校中,国际贸易专业学生在专业学习过程中,平均学习17门专业课,其中有11门必修课和6门选修课。并且专业课程主要开设在大学三、四年级,学生要在3个学期内完成这些课程的学习,导致学生学习压力过大、学习兴趣不足、学习效果不佳。在高等职业院校方面,该专业学生平均学习16门相关课程,由于学生整体基础偏低、课程难度偏大同时量多,导致学生积极性不高的问题更加突出。整体

上,不管是本科院校还是高职院校,在国际贸易专业的课程设置上都贪多求全,不利于学生对相关专业知识的掌握。

其次,课程结构设置不合理。主要表现在两点:第一,专业核心课程的专业性过强,而重点课程的选择上,高校大多以国际贸易实务、国际贸易单证等相关科目作为核心课程。从而在专业课程方面,片面强调国际贸易领域,国际经济基础的铺垫不足。[2]第二,专业选修课面窄,选修课在数量上较少,不能使学生从各个方面来研究学习国际贸易,且选修课的课程内容多为国际贸易相关方面,对于具体的区域研究方面的课程很少涉及,国际贸易中涉及不同国家的文化风俗介绍,培养学生与他人沟通能力等相关课程也很匮乏。

(三)不同课程之间内容交叉重复严重

当前,各高等本科、专科院校在国际贸易课程设置上没有统一的标准,课程的开设以主观性为主,造成其中教学内容重叠交叉。如:"信用证"部分内容作为国际贸易专业教学的重中之重,在国际贸易实务、国际贸易单证、外贸函电、国际结算等多门课程中均有出现。[3]又如,"国际货物运输"部分内容在国际贸易实务、外贸货运、外贸运输保险等课程中也均有介绍。这就导致授课教师各自为战,对此内容多次重复教学。这样的课程设置浪费了比较有限的教学资源,同时也不利于调动学生的学习兴趣。

(四)课程设置重理论,轻实践

在我国,绝大多数高等院校的国际贸易课程设置体系不完善,表现在理论课程占据主要教学重心,实践课程起到辅助教学的作用。由此导致了学生刻板学习,缺乏创新能力,个性特长也不能得到很好的发挥。同时,在校内的实践操作教学中,有些高校资金不足,导致实践教学缺乏应有的设施条件,教学流于形式。而在校外的实践教学中,有些高校让学生自主实习,缺乏有效的管理与指导。有些高校虽然在实践教学中与企事业单位合作,但实际操作中,学生往往很难做到理论联系实际,实践效果差。

很多高等院校的教师理论知识扎实,实践经验缺乏,在教授学生过程中,偏重于理论而轻视实践。理论知识内容介绍得详细且全面,而实践过程的分析空泛又笼统。例如,在国际贸易措施的教学中,只是粗略讲解常见一般措施,而对于各个国家的不同国情、不同地理、不同政策环境下,为什么实施这些措施、这些措施给贸易带来的影响及对日后发展前景等问题分析过于浅显。[4]这给学生对现实生活中实际问题的分析解决带来困难,实践的缺乏、能力的薄弱、知识视角的狭小使得国际贸易毕业生难以满足社会对高质量人才的要求。

国际贸易专业对学生英语能力要求较高,学生需要具备独立撰写英文函电,用英语进行贸易磋商,以及用英语制作进出口贸易单据的能力。但现在的国际贸易专业课的教学中,未能使英语与专业课的教学紧密联系在一起,使得学生实际操作中,不能学以致用,学习兴趣下降。

（五）课程设置缺乏创新性

课程设置的创新性不仅是课程设置与课程教学中活力的体现,同时能够及时应对与反馈当前全球贸易形势的变化。因而创新这一元素在我国国际贸易专业课程设置中占据重要地位。但由于我国高等院校水平参差不齐、历史长短不一、师资水平也有较大差距,同时在课程设置的创新中,需要消耗精力、物力,而创新性课程设置的结果又存在一定的不确定性,导致教师对课程设置创新的积极性不高。整体上,我国高等院校在课程设置上创新性不足,在国际贸易课程设置中同样如此。[5]

另外,在教材内容上,普遍存在着内容滞后性,远跟不上国际贸易整体发展速度,主要体现在不能及时反映最新国际贸易动态,以及无法对该动态进行有效解读。这就要求相关专业教师在教学过程中能够对现有教材进行补充,与学生探讨最新国际贸易动态,是课程内容始终联系现实的必然要求。

四、对国际经济与贸易专业课程设置的思考

（一）进一步明确专业培训目标

国际贸易专业对学生的培养素质目标是促进学生在德、智、体、美四个方面全面发展,同时具有创新、诚信、责任、敬业、合作等优秀职业素养;能够掌握国际贸易理论、国际贸易的通则与条例、进出口业务、商务英语和计算机等专业基础知识;具有书写函电、制作外贸单证、报关实务等技能,可以在各种涉外企事业单位从事采购跟单、发盘、报关与报检、国际结算等工作的专业复合型人才。

当前我国的经济飞速发展,外贸需求量非常大,急需大量专业型的外贸人才。我国在当今全球贸易形势中,处于外贸大国的角色,总贸易额世界第一。但外贸结构还存在很多问题,所以在经济结构上进行调整,逐渐向贸易强国转变。在岗位分工上面,也逐渐向细致化专业化的方向改变。[6]结合当前我国的外贸发展形势和国际贸易专业特点,经过大量的走访调查与实地探究,确立了适合课程设置和人才培养的7大国际贸易专业相关岗位。依据贸易操作流程来对职位进行划分,主要职位包括:外销员、报检员、报关员、跟单员、单证员、核销员、货代员。我们的专业建设培养目标,可以按照国际贸易专业培养计划中以外贸7大岗位为基础,培养符合岗位需求的国际贸易人才。

（二）创新知识体系、突出专业特色

经济学、法学、管理学、外语等多个学科的融合,这是国际贸易专业课程设置时

需要做到的一个方面。特别是法学课程的学习,学生应在学习基础的国际贸易理论的同时,把其他相关的法学课程作为重点学习内容。[7]国际贸易专业当前已开设国际商法、国际经济法等课程,但这些课程的知识内容较少,涵盖的领域也不足以满足培养高质量复合型的专业国际贸易人才的需求。高校可以通过制订课程设置计划,把选修课作为一种补充知识体系的方法,使文、理、工科等多学科专业融合,学生通过选修课来弥补专业知识方面的欠缺,有利于增加学生知识储备,构建完备的知识体系,以便应对在工作中随时出现的各种挑战。为了突出国际贸易专业的特色,完成培养高质量复合型人才的目标,教学内容与知识体系的改革是非常必要的。高校可跨专业、跨领域设置课程,拓宽学生知识面,让学生做到融会贯通,结合多专业多领域的教学使知识体系形成框架,可以打破学科界限,让知识横向联系和贯通。

(三)优化课程结构、完善教学资源

在国际贸易专业课程内容的构建方面,经济学理论、国际贸易理论和国际贸易实务这3大教学内容板块要合理分配,找到最佳平衡点,并且使每个知识板块下所包含的各门课程依据其在人才培养计划中的作用、地位来安排教学课程设置,各门课既要做到课程教学上互相协调合作,也要增强课程内容的紧密联系,使各课程之间主次分明,条理清晰,从而使课程体系框架优化。可以从广度、深度两方面优化课程体系框架。广度方面,在教学内容上需要做到知识覆盖范围广,要使学生所学内容满足当今社会对国际贸易专业型人才的要求,学生必须要掌握经济学中基础的原理。在国际贸易中,市场营销学与国际贸易相互补充,需要明白环境对贸易的影响,例如,商业政策环境、文化地理环境等。因此高校可加强国际贸易地理、文化对贸易的影响、政策环境与贸易等课程教学。深度方面,学生需深入掌握国际贸易的由来与发展,并且了解当今社会最新的贸易发展趋势、法律法规方面的知识,还要加深对某个区域的研究学习。例如,对法国进行研究学习,从法国的国内形势、国际情况出发,从经济、文化、政治等角度去研究学习。

另外,高校的目标是培养出综合素质高、能够满足社会需求的复合型人才,因而,在对国际贸易专业进行课程设置时,必须把经济学和国际贸易专业理论知识作为整个学习的基础,同时也需要增加可提高学生学习经验的实际操作类专业课程。当前我国很多高校仍把专业理论知识的教学作为人才培养的重心,而对实际操作类课程的教学不够关注,[8]导致国际贸易专业的教学在课程设置时就抱着打牢基础的理念,所以在此基础上多数高校缺少实际操作课程。有些高校认为学生只要有经济学理论方面的基础,专业课特别是操作性较强的实务课便可有可无,学生走上工作岗位后通过"做中学"就可以厚积薄发。在我国高校的课程设置中,经济学基础是经济类专业共同的基础,经济类的课程都相差不多,专业基础课的区别也较小,但是,可以区分各个专业特色的实际操作课程却很缺乏,严重影响专业特色的建构。这给毕业生带来的困境就是缺少专业优势,毕业后工作选择困难。为了解决这个问题,为了学生能够满足社会需要,符合经济发展的高质量人才的目标,国际贸易专业在动手操作类的实物性课程方面需要增大在总课程中的比例与关注度。当前,从国际贸易的相关企业和社会对人才的需求角度方面来看,课程设置中必须包含国际结算、国际贸易实务、外贸函电、国际结算、进出口单证实务、进出口报关实务、国际运输与保险、进出口商品包装、国际商务谈判等。高校须科学设置经济学基础课、专业基础课和操作类的实务性专业课程比例为1:1:1,改变过去的3:2:1课程设置比例。

(四)优化专业课程内容

国际贸易专业课的核心内容,对构建学生专业知识体系、培养国际贸易专业素养起到很大的作用。当前形势下,国际贸易专业各课程内容较为丰富,课程之间的联系也比较具有逻辑性,但仍存在两方面的问题:第一,专业课程难度偏大,很多教材的编者为了将原理阐述的更加清晰,对概念的缘由、推导等过多关注,无形中提高了学生对重点概念掌握的难度,降低学生学习兴趣。第二,很多课程存在重复、交叉的现象。教师可以以教研室为小组,通过讨论的形式,将各课程之间重复的内容进行梳理,完善知识架构,构建良好的专业课程体系,从而避免学生重复学习。另外,可根据实际情况及本校学生特点,组织专业教师编写专业课程教材,统一教材内容,杜绝教材内容重复或交叉现象。

(五)完善课程系统性、加强实践性

国际贸易课程的系统性是构建学生国际贸易知识体系的前提和保证,对构建国际贸易学生完善、科学的理论知识体系起着十分重要的作用。当然,加强国际贸易专业课程的系统性,需考虑很多因素,其中最为关键的是加强切实可行的实践教学环节。加强课程实践性的主要思路为完善实验室建设,开展创新性实践活动的探索以及探索创新校外实习环节、形成和内容。

1. 完善实验室建设

模拟实验可以帮助学生理解国际贸易中的具体操作流程,锻炼学生的实践操作能力,提高学生的工作适应能力。因此,需提高实验室的功能性并进一步加强实验室建设,更新实验室硬软件设备。在实验室硬件方面,给予一定的经费支持,保证实验室设备的先进性,为学生进行实践模拟操作提供硬件保障。在软件方面,完善对实验室模拟课程的管理,加强实务课程的模拟教学环节,同时针对重要内容开设专项实训模拟课程。主要表现为:在现有国际贸易实务、电子商务等课程中开发、设计出专项模拟实训课程,便于学生的实践操作。同时,可以与其他学院如计算机学院进行合作交流,进行交叉培养,锻炼学生的综合能力。在手工模拟实验室方面,学生与教师一起进行市场调研、在英文条件下审核信息、填报单据等,培养学生解决具体国际贸易专业问题的能力。

2. 开展创新性实践活动的探索

在教学过程中,可以积极鼓励学生参加各类课内、课外的实验活动,为培育出高质量的人才目标建设利于学生自身综合素质发展的实验教学管理平台。把一切可利用的资源充分利用,发挥资源的最大效用。例如,可把学院中的各实验室资源整合,有效分配,增加使用效益,资源共享。

3. 探索创新校外实习环节、形式和内容

(1) 建立学校企业对接合作平台,丰富学生实践操作经验。由于本专业对实践操作能力要求较高,可以通过实验教学平台的建立,与企业保持良好的长期合作关系。学生在企业中学习丰富的实践经验,在实际贸易流程中加强贸易水平。特别是通过与一些大型企业的合作,可以让学生学习到企业经营管理的宝贵经验。在实践操作中,还可以提高学生收集资料、分析数据、书写函电、会面洽谈等各方面能力。通过与企业合作、建立实习平台、开设专题讲座等方式使课程建设改革更能满足社会经济发展的需求,也利于培养出高质量的专业人才。

(2) 采用适时实习制,把课程学习与实践适时地结合起来,鼓励学生积极地积累自身的实践工作能力。学生可参加公司、企业或者贸易相关行业的工作,在工作中将贸易理论知识与实践经验相结合。可按照美国学校的实习制制定出符合中国学生的实习方案,如全职、兼职、长期、短期等,使学生实习与今后的工作紧密联系在一起。

(3) 建立专项职业介绍平台,为学生扩大与外界联系提供平台。在该平台下综合教师的信息能力、毕业生在社会的关系基础、学生的自主创新能力,形成一个企业、高校、人才的良性机制。从而便于学生选择专业对口的工作,以及尽快适应工作环境。企业同时也能获得相适宜的人才,解决当下用工难、专业人才缺失的问题。

在鼓励学生参与实践活动的基础上,构建专业的开放式实训教学平台,联合相关院校,建立自主的共享实验室运行机制,提高实验培养的效果。通过国际贸易网络信息平台的建设,增强与企业、与外部环境的沟通与交流。可采用顶岗实习等长短期实习制度与加强产学研相结合的方式,锻炼学生的实践素养、职业素养。

(六) 培养新时代应用型国际贸易专业人才

培养应用型国际贸易人才,目标是培养具有既掌握一定专业理论知识,又具有国际贸易实践动手操作能力,同时具有国际贸易职业综合素养的国际贸易人才。在理论专业知识方面,需要国际贸易专业大学生完成专业必修课的学习,了解并掌握国际贸易整体知识体系架构,具备一定的国际贸易专业素养。在实践动手操作能力的训练与提升方面,不管是本科院校还是专科院校,都要在重视与加强实践课程的基础上,注重培养学生的实践动手操作能力。

同时我们可以根据具体国际贸易企业需求"私人订制"优秀人才的培养方案。以学校为主体,邀请企业参加并构建国际贸易专业合作发展协会,联系企业,调查了解市场对人才的需求,两者共同参与研究人才的培养目标、确立培养方案、优化课程设置。加入职业道德培养相关课程,提高学生的职业素养。同时建立一定的奖励监督机制,鼓励学生学有所用,优秀学生可以直接进入合作企业顶岗实习或参加工作。这样既满足了企业对高质量的应用型人才的需求,又增加了国际贸易专业学生的就业途径,形成一种良好的"市场营销式"的学校企业同参与、共培养的教学机制。

五、研究结论

通过浅析当前我国国际贸易专业发展及相关专业课程设置,发现当前的国际贸易专业课程设置存在诸多问题。为适应新形势下,我国经济发展对国际贸易专业人才的需求,应加强国际贸易专业课程设置的理论性与实践性,培养学生的实际操作能力;[9]同时,与时俱进,优化课程结构,使当前的教学内容更加科学合理。

【参考文献】

[1] 曹亮.国际经济与贸易专业课程体系改革探索[J].中国农业银行武汉培训学院学报,2007(1):68-71.
[2] 李玉.国际经济与贸易专业课程体系设计研究[J].商业经济,2010(2):111-112.
[3] 张乃侠.从中美高校本科课程设置差异看国际贸易专业课程设置改革[J].教育探索,2011(4):158-159.
[4] 胡亚菊,舒玉敏.高职国际贸易实务专业课程设置和教学内容体系研究[J].新课程研究(高等教育),2010(2):46-48.
[5] 张佳琦.国际经济与贸易专业实践教学研究[J].商业经济,2010(2):75-76.
[6] 崔鸽.新时期国际经济与贸易专业课程建设探讨[J].新乡学院学报(社会科学版),2011(1):186-188.
[7] 胡颖.国际经贸专业课程设置和教学内容改革与优化研究:以新疆财经大学为例[J].新疆财经大学学报,2010(1):73-77.
[8] 汪可蒙.国际经济与贸易课程的演变与未来发展探析[J].现代教育管理,2013(14):257.
[9] 李裕鸿,喻洁.对当前国际贸易专业课程设置的思考[J].教育科学,2017(12):19.

第二章
国际经济与贸易专业课程建设探析

习近平总书记在中国共产党第十九次全国代表大会报告中指出，加快建设创新型国家，要瞄准世界科技前沿，强化基础研究，实现前瞻性基础研究、引领性原创成果重大突破。培养创新创业型大学生既是建立创新型国家的需要，也是高校一项重要的社会责任。出口作为经济增长的"三驾马车"之一，在国民经济中发挥重要作用，实现对外贸易稳中提质目标，需要培养一大批外贸行业企业家型人才。安庆师范大学立足协同创新，深化创新创业教育协同育人机制改革，以大学生就业创业能力提升为轴系，以创新创业教育为引擎，以培养国际化视野的商科创新创业型人才为目标，积极探索区域高校大学生创新创业协同发展机制，形成较鲜明的创新创业教育特色。本章收录了部分安庆师范大学国际经济与贸易专业教师探讨国际经济与贸易专业创新创业型人才培养研究的论文，对国际经济与贸易专业培养创新创业型人才问题、路径和对策进行了深入探析，这对校内外相关专业培养创新创业型人才具有一定启发作用，亦助推高校基于学科专业的创新创业人才培养研究向前发展。

在2016年12月召开的全国高校思想政治工作会议上，习近平总书记强调，高校思想政治工作关系高校培养什么样的人、如何培养人以及为谁培养人这个根本问题。要坚持把立德树人作为中心环节，把思想政治工作贯穿教育教学全过程，实现全程育人、全方位育人，努力开创我国高等教育事业发展新局面。2019年4月30日纪念"五四运动"100周年大会上，习近平总书记强调要把青年一代培养造就成德智体美劳全面发展的社会主义建设者和接班人。安庆师范大学国际经济与贸易专业教师近几年加强了专业课程思政建设，早在2015年国际经济学的课堂上，我校师生就"马克思主义国际经济学的基本内容有哪些"进行了探讨。教师应注重培养学生践行社会主义核心价值观，激发学生的爱国情怀、奉献精神、民族精神和时代精神。本章亦收录了教师课程思政改革研究成果，该成果较好满足了立德树人的需要，对校内外相关专业课程思政改革具有一定的借鉴意义。

创业就业能力背景下国际贸易理论与政策教学研究①

党和国家领导人在全国科技会议上一再强调"科技的发展,知识的创新,越来越决定着一个民族的发展过程。创新是不断进步的灵魂,如果不能创新,不去创新,一个民族就难以屹立于世界民族之林。要加快知识创新,加快高新技术产业化,关键在人才,必须一批又一批的创新型人才脱颖而出。"为此,大学教育应该把创新精神、创新意识、创新能力的培养作为核心贯穿于大学生教育整个过程。在国际经济与贸易专业的课程教学中,要凸显创新精神和创新能力的培养核心位置。

一、文献综述

国内关于国际贸易理论与政策教学改革的研究,主要围绕着以下四个方面进行:一是教学内容的改革。随着经济全球化日益深化,国际贸易产生了许多新特点和新趋势,而教学内容却陈旧,跟不上时代的发展,需要更新教学内容,如曹靖宇提出应遵循逻辑性与应用性相统一的基本原则,构造国际贸易学新的理论框架[1],石士钧提出国际贸易教材改革势在必行等[2],崔美、沈晓丹基于国际经济与贸易(韩朝贸易)专业是辽东学院为体现办学的地域特色而设置的一个本科专业,该专业以国际经贸、英语、朝鲜语"三位一体"人才培养为目标,认为对"三位一体"课程体系与教学内容进行优化设计,是保证人才培养目标实现的重要途径[3];二是教学方法的改革。单纯的理论知识较为枯燥,而中国传统的"填鸭式"教学,往往使学生兴趣不高,难以达到预期的效果,因此不少学者提出应灵活采用不同的教学方法,如刘瑛提出了国际贸易教学"四法"[4],姚蓓艳提出讨论式教学是课程教学的重要方式,可以明显提高教学质量[5],李芳采用案例教学[6],邬滋采用专题教学与案例教学相结合的方法等[7];三是双语教学的改革。国际贸易的涉外性强,为了培养高层次、高素质的国际贸易复合型人才,需要开展双语教学,如王唯薇[8]、王学提出根据不同的人才培养目标,来确定国际贸易双语教学目标;[9]刘秋、朱海峰认为双语教学为培养复合型人才提供了平台[10];四是地方性大学国际贸易专业的改革。如谢琦[11]、张益明等对地方性大学国际贸易专业的改革进行了研究[12]。

从国内的主要文献来看,目前国内国际贸易理论与政策的教学改革较少重视在教学过程中培养学生的创新能力和国际贸易理论的实际应用,使学生感到这门课内容太抽象,似乎与现实相隔太远。中国加入WTO后,对外贸易面临着更大的

---

① 本文原载于《江西科技师范大学学报》2014年第2期,作者殷功利、卫功兵。

挑战,如越来越多的贸易摩擦[13]、比较优势与贸易结构升级的矛盾等,这些挑战对国际经贸人才提出了更高的要求。因此,在国际贸易理论与政策教学过程中培养学生创新能力、深化理论的实际应用尤为重要。

二、传统教学方法的局限性

传统教学方法在教学过程中基本形成了"老师讲、学生听、依靠课本、灌输知识"的传统教学模式,造成学生的学习兴趣降低,更导致学生学到的知识只会应付考试而不善于运用,已经不符合新阶段培养创新型人才的要求。

国际贸易理论与政策课程的主要内容包括理论和政策两大部分,在传统的基础教学中普遍存在着偏重理论教学但又缺乏系统的理论体系,具体表现为偏重于对古典、新古典贸易理论的表象解释,没能对理论间的内在逻辑关系、产生背景、经济学分析及理论发展进行深入教授,更没能把理论与现实贸易经济生活结合起来,尤其是缺乏对一些相关领域的新进展和新贸易理论的教授和分析,这样使得学生不能深入理解贸易理论及运用理论来解释当今国际贸易新现象,同时由于古典、新古典贸易理论不能很好地解释当今贸易现象而对所学理论知识产生混乱和疑惑。偏重古典、新古典理论教学而忽视实际应用的根源在于教师没能很好地把握贸易理论与政策、实践的结合,导致重理论轻政策实践,加上缺乏生动的案例分析,学生感到课程枯燥,缺乏学习兴趣和动力。

三、基于创新能力培养的国际贸易理论与政策教学改革的措施

创新能力指的是个人提出新理论、新概念或发明新技术、新产品的能力。教师应当通过教学培养学生的创新思维能力、信息收集处理能力、外贸谈判能力、学习能力、语言表达与交流能力、理论联系实际能力、科研能力、分析问题及解决问题能力、增强爱心和职业认同感等创新能力。

为了达到提升大学生创新能力的目的,国际贸易理论与政策教学改革中应该采取以下方法。

(一)案例教学法

在案例教学中,学生"做中学",有助于学生自信心的树立、解决实际问题能力及创新能力的培养。在国际贸易理论与政策教学中,为了提高案例教学效果,必须做到:(1)精选案例。围绕国际贸易理论与政策课程的特点,确定教学目标。根据所授学生的特点对案例教学进行准确定位,选择高质量和针对性较强的案例。(2)合理使用案例的程序,即课前引入案例+讲授知识+案例。在教学中一般采用讲授知识+案例这个模式,但效果不佳。而在教学中采取案例+讲授知识+案例的模式,效果较好。(3)科学设计,精心组织,广泛发动。教师选择好教学案例后,要

仔细研究案例,根据学生现状设计好案例教学工具,选择恰当的组织形式,如分组讨论。组织得当就能充分发挥学生的积极性和创造性,更好地培养学生协调配合能力和团队精神,同时提高其分析和解决问题的能力。(4)总结评估。对案例的总结是案例教学中一个重要环节,教师归纳出具有普适性的理论,让学生能够运用所学理论知识来重新审视和分析案例。这样实现了理论与实践有机结合,使学生进一步加深了对理论的理解。同时教师评价学生的表现并归纳出有代表性的意见及创新观点,这样有助于培养学生的自信心和创新能力。

(二)讨论式教学

根据所处阶段的不同,讨论式教学可以划分为三个阶段:(1)系统讲授为主,讨论为辅。在开始几轮授课中主要采取以系统讲授为主并辅以讨论。系统讲授就是依照教材内容的框架和内容的多少来安排教学活动达到让学生掌握其中知识的目的。其关键在"讲",通过讲解让学生知道"是什么及为什么"。同时,安排少量讨论来增强教学的互动性和提高学生的参与度、积极性,启发学生运用所学的理论知识来分析、解决现实问题。教师提出问题,学生回答或师生一起答。教师既可以在讲授有关理论知识之前,向学生提出若干个问题,让学生带着问题来学习,这样学生在学习过程中具有明显的目标性;也可在讲授有关理论知识后再向学生提问,这样便于老师了解学生对有关知识的掌握程度。两者都有助于学生独立思考、分析问题和解决问题的能力培养。讨论所涉及的内容和题材主要是一些比较简单的问题,像在讲授国内贸易和国际贸易的区别后,可问学生以下问题:广东与福建的贸易属于什么贸易?广东与东京的贸易又属于什么贸易?在讲授重商主义时,问重商主义有哪些积极作用和消极作用?全球化的今天重商主义过时了吗?在讲授比较优势时,提出"我国目前在对外贸易中的比较优势是什么?"等问题。(2)重点讲授为主,有计划地组织讨论。通过几轮的讲授后,教师对教学内容的系统把握及教学活动的掌控能力都有了很大提高,为了进一步调动学生的学习积极性,教师有针对性地讲授一些内容,同时有意识地让学生自学部分内容,然后进行讨论,把讨论变成教学活动的一个重要组成部分。每次组织讨论都要有一个完善的方案,方案中包括素材、问题、分组的设计,且每个学生都安排明确的任务。例如:在讲授要素禀赋理论中的 H—O—S 定理时,问"国际贸易如何通过商品价格的变化和生产要素的重新配置对我国要素价格发生影响"等问题。(3)以讨论为主,重点讲授为辅。这个阶段的讨论是一个完整的教学体系,教师讲的地位已经下降,重点在于引导与鼓励学生进行思考,诱发学生"讲"。教师仅仅讲授思考思路、思考方式及理论的应用,或者在学生不明白时通过答疑的方式讲解。学生讲出对教材的理解、对某件事情的观点,这种讲"不是简单机械的讲,而是要经过深思熟虑后做出相应的回答与选择。同时学生还要对教师的质疑做出回应,有时教师还可以对学生的观点故意唱反调"来深化讨论。

（三）设计实验题

文科专业的培养目标注重对个人文化素养的修炼、口头表达能力及写作水平、团队沟通及协作能力、自主学习能力的锻炼及综合素质的提高。设计实验题可以为此提供一条有效途径。实验题可分为：(1) 任务型。如政策、规定、收费办法等的查询，例如在讲授有关国际贸易的基本概念和指标后，为了加深学生对这些概念的理解，教师可以向学生提供一份去年我国对外贸易发展情况的资料，学生根据资料分析和计算我国对外贸易额、对外贸易量、对外贸易依存度、贸易差额、对外贸易地理方向、对外贸易商品结构等国际贸易指标；(2) 补充扩展型。如讲授自由贸易区后，就上海自由贸易区与欧洲经济一体化、北美自由贸易区、中国-东盟自由贸易区的差异让学生去查找资料；(3) 分析型。如分析发达国家实行农产品保护的原因，并讨论为什么在关贸总协定中将农产品作为特殊情况处理，再如对于外贸依存度问题，国内的方法是按照进出口总额与 GDP 之间的比例确定，而有些国外的方法是按照出口额与 GDP 之间的比例来计算。要求学生分析这样处理的原因，并在此基础上，给出不同国家按不同方法计算出来的外贸依存度，让学生分析外贸依存度与经济发展之间的关系。[14] (4) 操作型。学好一门课程需要教与学双方共同作用。编排小型的情景剧就是一种不错的方式。例如，讲授绝对优势理论产生背景时，让第一个学生扮演经济学者亚当·斯密，第二个学生扮演拥护重商主义的商业资本家代表，第三个学生扮演要求自由贸易的工业资本家代表，学生通过角色扮演，来阐述思想观点，从而激发学生学习兴趣及培养其口头表达能力、创新能力。再如，模拟加入 WTO 谈判，可以使学生掌握基本的谈判技巧及谈判方法，从书本上难以学到的国际贸易谈判技巧，可以在实践中去体会。在模拟情景教学法中，为一组学生提供一个特定的谈判情景，某些成员担任相关角色进行表演。成员从所扮演角色的立场出发，通过运用所学知识进行自主分析及决策。其他学生观看后，集体进行交流并总结。通过这些实验，激发学生强烈的求知、钻研欲望，发展其个性特点，在试验环节上加大创新点的培育，使学生能够真正动手动脑进行创新。教师通过教学引导学生进行探究性学习来激发学生自主学习及探究的动机，从而培养学生的学习兴趣和学习积极性，进而达到培养学生创新能力的目的。

（四）教学内容的优化和教学内容比例的合理调整

根据实际需要，教师应该合理调整教学内容比例。如在对要素禀赋理论基本模型的扩展中加入产品内分工内容，产品内国际分工是 20 世纪后半期兴起的，近几年来国内外理论界的研究成果不断出现。本科教育区别于职业技术教育的最重要的特征是"厚基础"，"厚基础"的途径之一就是理论课程教学。科学的教学大纲、教学内容及先进的教学手段是提高教学质量的关键。全球经济一体化使国际贸易理论与政策教学面临知识类别日趋复杂、研究程度日益深入、科研成果日新月异的现状,这对国际贸易理论与政策教学的知识容量和教学效果都提出了更高的要求。这就需要不断修改和完善专业课教学大纲和教学内容。"厚基础"的另一个途径就是通过科研成果融入到教学中,以科研促进教学,及时将科研成果融入到教学中,把研究内容充实到授课和实验中,以此来提高教学质量,提高了学生的研究兴趣和创新能力。[15]

(五) 建设国际贸易专业实训基地

创新型人才培养的着力点在于知识、能力、素质的有机结合、协调发展,这要在实训基地中得到充分体现。实训基地建设的出路在于:(1)与工贸一体化企业共建实训基地。当前越来越多的企业凭借自身的力量,从事对外贸易。此类企业对国贸人才需要量大,与区域内这一类企业建立合作关系,可满足学生实习的需求,还能了解企业对人才需求的真实信息。(2)校企合作夯实实训基地。市场经济的基础是交换,校企合作共建实训基地的根本点在于找到双方交换的价值点。成功的企业家都很乐意将其成功的经历与他人分享,来满足其精神需求,因此学校可以请企业家到校园作报告,学生去企业实习;另外,目前大多数企业都需要塑造企业文化及员工培训,高校可利用丰富师资优势为其开展培训工作来帮助解决企业实践中遇到的问题,实现双赢,共筑良好的实训基地。[16]

(六) 教学改革中应该注意的问题

为了更好地培养大学生的创新能力,在国际贸易理论与政策教学改革中还应该注意下面五个方面的问题。

(1) 处理好教与学的分工。让学生掌握正确学习的方法:① 在讲授重点、难点等主要知识点后,通过快速阅读培养学生抓住主要问题的能力;② 让学生独自重新推导一次所学理论,如要素禀赋理论;③ 提供一些课外阅读的资料并布置一些习题。[17]

(2) 理论课程课堂教学组织与管理设计。首先,教学组织与管理要以学生为主体,以教师为主导。其次,教师要从学生的视角来引导学生如何学习;再次,在临下课前几分钟总结上课内容的同时,预留短暂时间答疑;最后,一些简单的知识点可由学生自愿上台讲解。

(3) 加强研究和管理课堂教学主体。教师了解和研究学生的的途径有:通过课堂上观察、提问、测试、作业及与学生沟通等方法来掌握学生学习、情感、价值观等情况。教师了解和研究自己的途径有:自省及学生、同事、领导对自己的评价。通过课堂上学生的反应来调整语言、风度、教态、情感及行为、仪表等,并据此进行调控来创造和谐的教学氛围,进而提升学生的认可度。

(4) 把握提问的艺术和节奏。提问可以确保良好的信息传递与反馈,是课堂教学设计中的必要环节。方式有:① 罗列一些现象,通过不断追问来引导学生自主发现问题,达到培养学生归纳问题能力的目的;② 讲完关键知识点后,引导学生延伸所学知识点;③ 通过自学达到培养学生规范分析与解决问题能力的目的。

(5) 改革考评方法。基于创新能力培养的国际贸易理论与政策教学应更重视考察大学生学习的过程和方法,在对其进行考核时,应更注重从大学生能力培养程度来进行二元化的考核。具体可以从以下两方面展开:① 基础知识的掌握与应用的考核。这部分内容的考核可通过闭卷考试的形式进行考查;② 创新能力的考核。可以采取在案例教学、讨论式教学、实验题、举例教学和课堂提问、企业参观实习、提交论文等作业环节中的表现来考察。如通过论文的形式进行考查,要求学生就某一专题进行资料文献的查阅,并对其进行研读及综述,来培养大学生自主获取新知识及对这些知识进行概括、整理、消化及运用的能力,这有助于强化学生学习的自主性和思辨性,增强教学的广度和深度,达到培养和提高大学生提出问题、分析问题和解决问题能力的目的。

四、结论

传统教学方法在教学过程中基本形成了"老师讲、学生听、依靠课本、灌输知识"的传统教学模式,已经不符合新阶段培养创新型人才的要求。在国际贸易理论与政策教学中采取案例教学、讨论式教学、设计实验题、举例教学和设计一个问题体系、合理调整教学内容比例和优化教学内容等措施,以及在教学改革中应该注意处理好教与学的分工、理论课程课堂教学组织与管理设计、加强研究和管理课堂教学主体、把握提问的艺术和节奏等问题,可有效提高大学生的创新能力。

【参考文献】

[1] 曹靖宇. 国际贸易学教学内容体系的建构[J]. 山东科技大学学报(社会科学版),2000(4):91-94.

[2] 石士钧. 改革国际贸易教材的若干思考[J]. 宁波大学学报(教育科学版),2004(4):98-101.

[3] 崔美,沈晓丹. "三位一体"课程体系与教学内容的优化设计:以国际经济与贸易(韩朝贸易)专业为例[J]. 辽东学院学报(自然科学版),2009(12):281-283.

[4] 刘瑛. 国际贸易教学"四法"[J]. 当代教育论坛,2006(9):34-35.

[5] 姚蓓艳. 国际贸易理论讨论式教学的探索与实践[J]. 时代经贸,2008(1):5-6.

[6] 李芳. 案例教学法在国际贸易实务课程中运用之研究[J]. 滁州学院学报,2009(2):105-106.

[7] 邬滋. 论专题教学与案例教学在国际贸易课程中的应用[J]. 内蒙古财经学院学报(综合版),2011(3):48-50.

[8] 王唯薇. 普通高校国际经贸专业双语教学探讨[J]. 重庆科技学院学报(社会科学版),2008(2):193-194.

[9] 王学. 国际贸易课程中英双语教学目标与教学方法探讨[J]. 北京大学学报(哲学社会科学

版),2007(5):248-249.
- [10] 刘秋,朱海峰.谈高校双语教学及其对外贸人才的培养[J].工会论坛,2009(11):129.
- [11] 谢琦.地方性大学国贸专业人才培养模式的探索[J].经济研究导刊,2010(12):294-295.
- [12] 张益明.地方应用型高校国际贸易理论课程教学研究[J].淮海工学院学报(社会科学版·教育论坛),2011(3):69-71.
- [13] 殷功利.中国贸易顺差研究:结构、效应与可持续性[D].南昌:江西财经大学,2012:157.
- [14] 殷功利.安庆市出口贸易与经济增长的实证分析[J].安庆师范学院学报(社会版),2010(2):32-34.
- [15] 谢丹.对国际贸易学教学的几点思考[J].湖北经济学院学报(人文社会科学版),2006(10):155-156.
- [16] 陈万卷.国际贸易专业实训基地建设与实践性教学研究[J].武汉科技学院学报,2007(3):102-104.
- [17] 唐龙.基于提升创新能力的理论课程课堂教学设计探讨[J].重庆科技学院学报(社会科学版),2011(19):165-167.

高校思想政治教育融入创新创业教育路径研究[①]

一、当前高校创新创业教育现状

创新创业是国家发展之根,是民族振兴之魂。青年大学生群体是创新创业活动中一支不容小觑的新生力量,党和国家历来高度重视大学生创新创业教育工作,自"大众创业,万众创新"提出后,国家先后出台了一系列创新创业鼓励政策并扶持大学生开展创新创业实践,各地高校也纷纷通过开设创新创业课程、开展创新创业类竞赛、组建创新创业社团、认定创新创业学分、成立创新创业学院、开辟创新创业科技园地、孵化创新创业项目等一系列的举措积极推动创新创业教育工作。

然而,目前高校在创新创业教育方面却普遍存在着一些痛点,集中体现在以下几个方面:一是对创新创业教育的意义与重要性认识不足。当前高校的创新创业教育工作主要由某些职能部门来分工负责,如教务处或招生就业处负责创新创业课程的开设、院系负责创新创业竞赛的专业指导、团委或学生处负责创新创业项目的孵化培育等,虽各司其职,但却缺乏一个整体而系统的统筹管理,未形成有效的合力。创新创业教育涉及面广、教育内容丰富,它不应是割裂的单项培训,也不能只是某几个部门的单兵作战,应该从学校整体层面谋篇布局、纵深推进、横向合作,应该将创新创业教育提高到全方位育人、全过程育人和改革人才培养模式的高度,给予足够的重视和应有的制度保障,只有这样才能拥有源源不断的生机,才能积蓄滔滔不竭的动力。二是创新创业教育体系尚不够健全。创新创业教育与专业教育一样,应该是一个系统、完整且闭环的教学链条,在这个教学链中应涵盖价值引导体系、理论与实践研究体系、结果反馈体系等,而当前创新创业教育却主要集中在创新创业知识的理论传授和创新创业竞赛的实践指导等微观层面,从宏观上对学生进行创新创业思维的训练、创新创业价值观念的引导和创新创业人格品质的塑造涉及较少,对创新创业教育效果的反馈也仅仅以竞赛有没有获奖作为评价手段,标准单一,体系不全。三是创新创业教育的辐射面不广。在我国,由于创新创业教育起步较晚,适合我国校情、生情的创新创业教育理论研究和校本研究尚不健全,高校师资力量也存在不同程度的短缺,因而一线骨干师资力量主要服务于参加各类竞赛的少数学生,辐射面较窄、影响力不强,大部分普通学生不能有效地接受到优质的创新创业教育教学资源。四是创新创业教育实效性不够突出。高校创新创业教育大多围绕"挑战杯""创青春""互联网+""电子商务三创赛"等龙头赛事平台

[①] 本文原载于《佳木斯大学社会科学学报》2018年第6期,作者方蓬。

开展相应的教育引导活动,这种以竞赛为导向的创新创业教育往往聚焦于如何在赛事中出成绩,教育方法和内容呈现出片面化、单一化、程序化特点,往往是为了比赛而比赛,创新创业教育功利化倾向明显,在赛后能真正将项目落地实践的并不多,后继乏力。

这些痛点严重制约着创新创业教育的健康可持续发展,创新创业教育应该着眼于培养学生积极的创新创业精神、敏锐的创新创业意识、实战的创新创业能力,应该是促进全体学生全面发展和个性发展的普及性教育。实现创新创业教育的功能最大化、最优化,将思想政治教育融入创新创业教育是大势所趋。

二、将思想政治教育融入创新创业教育的必要性

(一)将思想政治教育融入创新创业教育是新时代高等教育的使命担当

党的十九大报告指出"创新是引领发展的第一动力,要坚定不移实施创新驱动发展战略",创新驱动从本质上看就是人才驱动,培养一批具备较高综合实力的创新型人才是当代中国高等教育走以质量提升为核心的内涵式发展道路的必然要求,是为更好地建设创新型国家提供人才智库的有力保障,同时也是国家实施创新驱动发展战略的重要环节。

在知识经济蓬勃发展的新时代背景下,积极倡导创新文化并形成良好的创新创业生态环境是时代发展的必然趋势。大学生是创新文化的创造者、实践者、推动者,也将成为创新发展的主力军与先导者。因而,肩负着人才培养使命的高校如何在倡导创新创业文化、培养创新创业人才、促进创新创业实践、推动创新创业教育的过程中更好地融入思想政治教育,把握好思想政治教育这个"总开关",做好大学生的价值引领工作是一个重要的时代命题。"要把思想政治工作贯穿教育教学全过程,这关系到高校培养什么样的人、如何培养人以及为谁培养人这个根本问题。"[1]"各地各高校要落实全国高校思想政治工作会议精神,把思想政治工作融入高校毕业生就业创业工作全过程,坚持立德树人,引导毕业生树立科学的就业观和成才观。"[2]

将思想政治教育融入创新创业教育,不断有效提高学生的社会责任感、创新精神和实践能力,培养高素质复合型创新创业人才,是新时代中国高等教育深化改革、人才培养和创新发展的重要职责,也是新的时代使命和必然选择。

(二)将思想政治教育融入创新创业教育是新时代大学生成长成才的必然要求

一方面,培养创新创业价值观念是创新创业型人才培养的有效途径。思想政治教育能从思想意识层面充分调动受教育者的积极性与主观能动性,及时唤醒他

们的创新创业意识,有效激发他们创新创造的内生动力,引导他们自觉参与到创新创业活动中来,由内部驱动最终实现创新创业的目标指向,获得自我价值实现的情感体验。这遵循了人才成长规律、高等教育发展规律和思想政治教育规律。

另一方面,正确价值观念的塑造是创新创业人才培养的必然要求。价值观决定人的行为导向,在遇到价值困惑时,能不能去伪存真地做出正确的价值判断与价值选择,决定了行为结果的方向性与持久性,正确、主流、健康的价值观能指明正确的行为方向。

大学时期,是人们世界观、人生观和价值观形成并趋于成熟的时期,"大学生创新创业需要价值观念认识上持续的信念支持,而思政课的思想导向性,能够赋予大学生正确的人生观、世界观的理论和方法指导。"[3]将思想政治教育融入创新创业教育,对创新创业过程中方向选择的正确性、目标制定的合理性、实现目标途径的合法性等进行引导和约束,有助于学生在创新创业实践中面对公私、义利、是非等价值取向时,能明是非、辨善恶、分公私、知荣辱。

三、思想政治教育融入创新创业教育的内涵

思想政治教育在创新创业教育中的价值内涵体现在以下几个方面:

(一) 思想政治教育能塑造正确的创新创业价值观念

正确的价值取向是创新创业实践能够保持长久生机的精神本源。部分创业大学生在实践过程中常常表现出急于求成、急功近利的心态,其背后折射出的实际上就是实用主义、利己主义、功利主义等不良价值观念。"创新创业教育不仅是知识教育、技能教育还是价值教育,需要思想政治教育对其进行价值引领,为创新创业教育提供远大目标和精神动力"[4],只顾当下不考虑长远、缺乏精神动力和道德滋养的创新创业实践是难以为继的。

针对创新创业教育,思想政治教育的价值引领功能大致涵盖以下几个层次:一是道德修养层面,这是创新创业实践的行为准则,具体包括遵纪守法的社会公德、诚实守信的职业道德、友善互助的个人道德等;二是价值观念层面,这是创新创业行为的价值取向,具体包括集体主义观、团队协作观、社会责任观、义利观、公私观、成才观等;三是法治层面,这是创新创业实践的行为底线,具体包括法治意识、红线意识、维权意识、契约精神等;四是人格素养层面,这是创新创业人格的核心素养,具体包括敢为人先的进取意识、迎难而上的挑战精神、锲而不舍的抗压能力、脚踏实地的实干精神、未雨绸缪的风险意识等。

通过思想政治教育的价值引领,对错误的价值观念进行纠偏、扶正,将内涵式的价值观念用潜移默化的方式嵌入大学生思想意识,引导大学生明确创新创业价值,并努力将其内化为行为自觉,主动地将个人的理想追求与国家社会经济发展趋势相结合,自觉承担起引领科技创新、促进社会发展的重任,施展青春才华,引领创

业风尚,实现人生价值。

（二）思想政治教育能拓宽创新创业思维方式

1. 重塑思维方式

在信息化、智能化的社会背景下,人们的生产生活方式和思维模式都受到了巨大影响,塑造创新型思维已经成为适应时代发展的现实需求和必然选择。创新创业教育要想真正地发挥持久而深远的作用,除了创新创业知识和技能的传授外,最根本的是要在创新思维的启迪上下真功夫、苦功夫、深功夫。

思想政治教育作为一种意识形态教育,与思维科学息息相关,它着力培养人们将批判性思维与创造性思维相结合、辩证思维与逻辑思维相结合的能力,进而形成客观、严密的思维方式。"高校思想政治教育要有启迪大学生创新思维、创新人格和内化创新精神的教育功能。"[5]将思想政治教育融入创新创业教育,就是通过不断地进行思维训练,善于洞察问题、勇于质疑问题、敢于破旧立新,打破思维定势,激发创新思维,让创新思维成为一种常态化的思维习惯与方式,最终重塑创新创业理念并转化为实践。

2. 培养格局意识

"大学生创新创业不是海市蜃楼,不能无中生有,必须立足国情、党情和社情来开展创新创业,思政课的政治性能够为大学生提供相对全面科学的形势与政策指导"[3],这种形势与政策指导,实际上就是帮助学生认清形势,培养学生的格局意识与长远意识,引导学生在创新创业实践中遇到实际问题时,不拘泥于一时的得失成败,能以战略的高度、全局的视角、发展的眼光、前瞻的视野看待问题、思考问题、找寻出路。这就要求大学生学会理性认识创新创业,学会紧扣时代和社会发展趋势,按照市场经济发展规律,借助国家、社会、地域的优势资源,制定合理的发展目标,把个人价值与社会价值结合起来,使创新创业实践与职业生涯规划契合共生,与时代发展同频共振,不断推动创新创业实践转化为现实生产力。

四、思想政治教育融入创新创业教育的实现途径

（一）做好顶层设计,开展联动教育

将思想政治教育融入创新创业教育,高校需要转变传统、单一、保守、固化的教育理念,要始终将其提高到贯彻落实中央战略决策部署的高度,始终将其放在增强民族创新实力与能力的战略高度,始终将其摆在学校发展战略全局的高度,始终将其作为深化高等教育改革的重要突破口,着力将两者进行关联研究并开展联动教育,倾力打通专业壁垒,建立起大思政观、大创新创业教育观格局,从全局的视野,在人才培养方案、课程设置、教育教学管理、平台建设、资源配置、制度保障、服务支持等各个方面做好顶层设计与支撑服务。将第一课堂与第二课堂有机结合,将理

论引导与实践应用融会贯通,将校内资源与校外企业对接耦合,合力搭建立体、开放、系统的教育体系,不断提高学生的综合素养和核心能力。

(二)完善人才评价体系,注重价值引导

人才评价体系是否健全、评价标准是否科学、评价指标权重是否合理,对学生成长成才具有重要的导向性作用,"要对学生的创新创业行为进行思想评价。改变当前只重视创新创业成果,却忽略创新创业者实践过程和成果对社会的价值和贡献的评价倾向,而应侧重学生平时参与的表现,努力将公益性、外部性等指标纳入考核体系进行价值引导。"[6]将思想性评价作为创新创业教育的重要价值导向,即更加注重创新创业活动本身的价值引导,要去除功利化和短视思维。学生的创新创业行为不以成败论英雄,不以经济利益作为唯一价值导向,不单纯以竞赛是否获奖为衡量标准,而要兼顾项目本身是否创造了一定的社会价值,是否引领了积极向上的社会风气,是否带动了人们关注社会发展,是否在一定程度上推进了社会改革。这就要求在人才评价体系的构建上,适当增加创新创业项目公益性、社会性等评价指标的权重。

(三)加强师资队伍培养,发挥人才资源优势

"高校创新创业教育的价值引导工作是一项专业性极强的工作,其价值引导活动是政治性、业务性和思想性的结合,因此应以专业化和科学化为目标建设一支价值引导队伍。"[6]思政理论课教师、辅导员、学工系统管理干部等思政工作者是这支价值引导队伍的骨干力量,在日常工作中他们与学生接触的最密切,最了解学生的实际需求,也最能发掘学生的创新创业潜质。他们在创新创业教育中扮演着多重且重要的角色,既是创新创业政策的传播普及者,又是创新创业价值的教育引领者,还可以是创新创业实践的指导推进者。建设好思政工作者这支队伍对思想政治教育融入创新创业教育有重大的意义,但在实际工作中,思政工作者在创新创业教育与实践方面仍存在短板。因而要做好思政工作者的师资力量培养工作,及时更新教育理念与方法,不断整合丰富教育内容,实时强化实践应用,构建师资思政教育和创新创业教育的双重能力,充分发挥这支人才队伍的优势,最终将思想政治教育潜移默化地渗透到创新创业教育的每门课程、每个活动和每个管理服务环节中,不断增强工作的针对性与实效性,形成将思想政治教育贯穿创新创业教育全过程的共识。

(四)营造创新创业主流文化,构建良好创新创业生态体系

校园文化是发挥思想政治教育隐性教育功能的重要渠道,"创新创业文化是高校校园文化不可或缺的组成部分,对大学生具有价值导向、目标激励、力量凝聚、情操陶冶、心理调节、行为规范、氛围支持等功能"[7],"学生创新创业意识从萌芽到落

地,离不开浓郁的创新创业校园文化氛围的熏陶。"[8]因而,积极培育"创新带创业、创业促就业"的校园主流文化,对切实促进创新创业教育的实效性有着积极意义。

具体说来,可以通过以下几个渠道来系统营造创新创业校园文化:一是定期开展创新创业主题班团活动,通过政策宣讲等方式,帮助学生了解创新创业活动、启发创新创业思维、形成创新创业观念;二是在全校范围内通过创新创业讲座、赛事宣传等形式营造创新创业氛围;三是有效发挥时代精神,采用创新创业人物访谈、创新创业榜样树立等方式邀请行业标杆、优秀创业校友与学生进行面对面的交流,以企业家精神赋能创新创业教育;四是充分挖掘地方文化资源,如徽商文化、闽商精神等,用具有地方特色的精神财富不断涵养、充实校园创新创业文化;五是开放校内实验室、实践基地、创新创业园地、科研仪器设备等,实现资源共享,支持、促进、鼓励学生开展创新研究;六是组建创新创业类学生社团,打造"创客工作坊""创新实验室"等平台,吸引更多的大学生切身参与创新创业实践体验;七是鼓励学生将创新创业与社会实践活动相结合,在"三下乡"、公益志愿服务活动、专业实习实训等实践中进一步了解社情民意,发掘并凝练创新创业项目,促成创新创业实践。

【参考文献】

[1] 人民网.习近平:把思想政治工作贯穿教育教学全过程开创我国高等教育事业发展新局面[EB/OL].(2016-12-9)[2024-12-1].http://cpc.people.com.cn/n1/2016/1209/c64094-28936173.html.

[2] 中华人民共和国教育部.教育部关于做好2018届全国普通高等学校毕业生就业创业工作的通知[EB/OL].(2017-12-4)[2024-12-1].http://www.moe.edu.cn/srcsite/A15/s3265/201712/t20171207_320842.html.

[3] 余展洪.创新创业教育导向下高校思政课教学整体设计改革刍议[J].高教学刊,2015(13):13.

[4] 宋妍,王占仁.试论思想政治教育对创新创业教育的价值引领[J].思想政治教育研究,2017(3):141.

[5] 吴华.高校校园文化建设与大学生思政素质培养方法解析:评《高校思想政治教育与校园文化建设创新研究》[J].高教探索,2017(8):4.

[6] 段海超,蒲清平,王振.论高校创新创业教育的价值导向:基于社会主义核心价值观个人层面的思考[J].学校党建与思想教育,2016(9):77.

[7] 王江曼.以文化建设引领高校构建创新创业教育长效机制:以南京工业大学为例价值工程[J].2014(25):275.

[8] 葛宝臻.完善创新创业教育体系 构建创新创业实践平台[J].实验室研究与探索,2015(12):4.

第三章
教学方法改革研究

　　教学方法是教育研究的一个重要问题,高等学校教学的成功与否与教学方法的选择和运用有直接的关系。二十世纪以来,随着现代科学技术的快速发展,科学技术对教学方法的影响日益显著,高等学校教学方法问题的研究也随之有了新的时代背景和时代寓意。要建设好国际经济与贸易专业,要培养创新创业型人才,需要对教育教学方法进行改革与探索,不仅要重视第一课堂建设,也要重视第二课堂建设,理论教学与实践教学两手抓;不仅要运用传统的案例教学、模拟教学、情景教学、实验教学手段,还要借助科学技术采用智慧课堂、雨课堂、翻转课堂等新型教学手段,激发学生学习兴趣,增强师生互动性,提高学生分析、解决实际问题能力。安庆师范大学国际经济与贸易专业教师历来重视教育教学方法改革,对创新创业型人才培养的教育教学方法进行了一系列研究,提出了一些具有创新价值的教育教学方法与举措。本章收录了部分教师教育教学方法改革研究成果,这些成果较好满足了创新创业型人才培养的需要,亦对校内外相关专业教育教学方法改革具有借鉴意义。

西方经济学经典案例教学特点、问题与本土化路径[①]

西方经济学在国外被称为经济学,是对市场经济运行实践的经验概括和理论总结。在我国,西方经济学是高等院校财经类和管理类专业必开的一门专业基础课。近年来,为了提升该门课程的教学效果,我国经济学界对其教学方法进行了广泛的讨论并形成了一些重要共识。学界普遍认为,西方经济学教学中应积极推广案例教学,不仅要运用经典案例,还要开发本土案例资源[1]。但是,学界在探讨如何开发本土案例资源的过程中,却将西方经济学经典案例形成及其运用的有益经验搁置一边。本文则在充分挖掘和吸纳西方经济学经典案例形成及其运用经验的基础上,探讨西方经济学案例教学的本土化路径,以推动经济学教育的本土化进程。

一、西方经济学经典案例教学特点及其局限

经典案例是经过历史选择出来的具有典范性、权威性的案例。典范性是指经典案例一般都是从纷繁复杂的社会经济实践中,精选出的具有代表性的经济实例,并能反应同类经济现象的本质特征,从而起到标准、表率、规范的作用。权威性则指经典案例大多是由著名经济学家提出,在经典著作中用以阐明某个重要经济学观点或者思想的案例,并被学界反复引用,从而显示其巨大的影响力和崇高威望。因其典范性、权威性,经典案例在西方经济学案例教学中甚至具有不可替代性。

西方经济学是社会科学中一门研究人类在资源稀缺问题下做出选择的科学,作为一门独立学科已有三百多年的历史。经过一代又一代经济学人的努力与实践,西方经济学积累了丰富多样的经典案例。在阐述某些经济学理论时,教师自然而然会用到其中的某个经典案例。

西方经济学教学中的经典案例大致可分为如下几类:① 由后人从前辈经济学家的经典著作中整理出来,如从亚当·斯密《国富论》中挖掘出"看不见的手"用以说明市场在经济运行中的自发调节作用。② 由著名经济学家从前人的文化典籍中引申而来,如凯恩斯在《就业利息和货币通论》中引述曼德维尔《蜜蜂的寓言》思想,用"蜜蜂的寓言"来演绎节俭的悖论。③ 由某些学者提出,后来被广为引用,如博弈论中的"囚徒困境"案例,就是由就职于兰德公司的梅里尔·弗勒德和梅尔文·德雷希尔拟定出相关困境的理论,后来由顾问艾伯特·塔克以囚徒方式加以阐述,并命名为"囚徒困境",进而在学界流传开来。④ 由著名经济学家在理论创新

[①] 本文原载于《安庆师范学院学报(社会科学版)》2013年第1期,作者杨国才、张支南。

与争论中创设,如公共物品中的"灯塔"案例,就是由萨缪尔森和科斯这两位经济学家在有关公共物品问题上的思考与争论中形成的。

就研究内容来说,西方经济学主要包括微观经济学和宏观经济学,其应用性很强,讨论的均是我们日常生活。就其研究方法而言,西方经济学主要运用实证分析,其理论性很强,包含的概念和模型较多,用到的图表和数学论证较复杂,形成的理论较抽象。因此,在日常教学中,无论是教师的教,还是学生的学,都面临较大的困难和挑战。为了解决西方经济学教学中存在的这一问题,提升教学效果,就需要找到一种恰当而有效的教学方法。案例教学法就是西方经济学教学中广为应用的一种方法。

所谓案例教学,就是在教师的指导下,让学生在典型事例的阅读、思考、分析、讨论和交流中,建立起一套适合自己的逻辑思维方法和思考问题方式,以加深学生对基本概念和原理的理解,进而培育学生独立分析问题、解决问题能力的一种教学方法。与其他教学方法相比较,案例教学具有以下特点:

(1) 教学材料的独特性。案例教学要运用案例这一独特的教学材料作为教学内容,并贯穿教学过程始终,它的来源、性质、编排体例均不同于其他教学内容。

(2) 高度的实践性。案例教学中的案例大多来源于社会实践,这样学生在课堂上就能接触并学习到大量的社会实际问题,并且运用所掌握的理论和知识展开分析,寻求解决问题的方案。

(3) 较强的综合性。这主要体现为案例教学的实例内涵上更为丰富、形式上更为多样,以及案例的分析、解决过程也更为复杂,对学生知识与能力的要求更高。

(4) 突出的启发性。案例教学通过模拟或者重现现实生活中的一些场景,将学生纳入案例情境,引导学生对其中的问题做出判断、推理和论证,在此过程中建立一套分析、解决问题的思维方式。

(5) 高度互动性。案例教学特别强调开放性、参与性和互动性。在案例教学过程中,尽管案例的呈现与问题的设计是在教师的主导下进行的,但也要为学生预留参与探讨的足够时间与空间。由于学生的积极参与,案例所内含问题会在生生之间、师生之间引起激烈的思维碰撞和观点交锋,从而充分发挥教师的主导作用和学生的主体作用,体现案例教学的互动性原则。

案例教学的特点使其在西方经济学教学中具有独特的优势,它能有效地激发学生的学习兴趣与学习欲望,能拉近理论与实际的距离,能加深学生对所学知识的理解,更能培养学生自主分析和解决现实问题的能力。

西方经济学理论性强的学科特性决定了案例教学的必要性,应用性强的学科特性决定了案例教学的可能性,而案例教学的特点又为其在西方经济学教学中的应用提供了广阔空间。不过,由于西方经济学产生于西方国家特定的社会经济和历史文化背景,所以经典案例大多烙上了很深的西方社会印迹。中国作为一个拥有五千年文明史的国家,一个世界上最大的发展中国家,一个由计划经济转轨而来的新兴市场经济国家,无论在文化背景,还是经济发展阶段、经济体制上,都与西方国家存在较大的差异。因此,教学中用来阐明西方经济学原理的经典案例,对于中国学生可能有一种"文化隔膜",进而导致某些理解上的困难。基于此,西方经济学教学中经典案例的应用不可避免地受到一定的限制,或者说,仅有经典案例是远远不够的,还应该补充基于中国特定背景的本土化案例。

二、西方经济学案例教学"三重三轻"问题及其原因

西方经济学在整个经济学课程体系中居于基础性地位,学好西方经济学对于后续相关课程的学习将起到非常重要的支撑作用。基于西方经济学的学科性质及案例教学的特点,案例教学的运用可以显著地提升该门课程的教学效果。在目前国内西方经济学教学中,案例教学的开展还处在起步阶段,案例教学的实施还极不规范,尤其是案例教学的本土化还亟待加强。这些因素已成为改善西方经济学教学效果的重要瓶颈。从教学实践看,目前西方经济学的案例教学存在"三重三轻"问题:

一是重讲授教学、轻案例教学。尽管案例教学已被国内越来越多的人所接受并列入了各高校的教学改革计划,但是传统教学方法的惯性如此之大,以至于讲授教学仍然是西方经济学课程的主流教学方法,案例教学还只是一种"点缀"。讲授教学作为一种基础性的教学方法,固然能使学生在短时间内系统掌握大量知识,但它偏重于教师的活动,学生则处于一种比较被动接受的状态,从而忽视了对学生学习潜能的开发。而案例教学特别强调开放性、参与性和互动性的特点,很好地弥补了讲授教学的不足。不过在国内,无论是教师还是学生,长期以来已经习惯于讲授教学,要大面积地推行案例教学就必须克服传统教学方法的惯性干扰,而这无疑要有一个过程。

二是重举例、轻案例。举例是课堂教学中经常使用的教学手段,恰当的举例不仅能促进学生对知识的理解,提高学生的分析思考能力,而且能提高学生听课的兴趣,活跃课堂气氛。很多教师都很擅长举例教学,在讲课时一般能信手拈来。但是,不能将举例教学等同于案例教学,两者在教学素材的选取、教学中的地位、教学目的、教学流程上均有较大的差异。举例只是教学中的辅助手段,它从属于讲授教学,是为了更好地说明所讲的原理,不需要学生主动参与,也因此举例教学中例子的选取比较随意,来源比较广。案例则居于案例教学的主要地位,要以案例为中心来开展教学,目的是引导学生进入具体情境,通过积极思考,提出多种解决问题的方案,因之对案例的选取有更高的要求,比一般的举例要更全面、更完整、更典型、答案更开放,要有讨论的价值。

三是重经典案例、轻本土案例。现阶段,在国内西方经济学教学中使用的案例,绝大部分选自国外的经济学教科书或文献资料,而来源于国内的很少。尽管来自国外的这些案例均已成为经典,在教学过程中不可不使用,但仅仅局限于这些经

典案例是远远不够的。如前所述,经典案例毕竟是产生于西方发达国家的市场经济实践,距离我国现实国情和学生的生活经验较远。而发生在中国的本土经济案例,由于植根于中国土壤并反映中国经济现实,若在教学中加以恰当运用,定能形成对国外经典案例的有益补充,极大地改进西方经济学案例教学的效果。现在的问题是,由于可供选择的本土案例素材较少,加之教师实践经验的缺乏等原因,目前在本土案例的选编、使用方面还存在诸多问题,如案例较注重知识点,而综合性不强;案例缺乏时效性和现代感;案例内容的典型性和代表性不够;案例的针对性、层次性不强;案例的设计不够规范,要素不够完备等[2]。

西方经济学案例教学存在的上述"三重三轻"现象,其原因是多方面的,概括起来主要有:其一,教学理念陈旧。传统的教学理念认为,知识一定要靠传授方能被学生掌握,并且以为什么都是可以教的,甚至连创造性也能教出来。这是教师中心论的理论基础,也是重讲授教学、轻案例教学的理论根源。殊不知,学生还可以在教师引导下自己去获取知识,去寻求问题的答案,况且还有很多知识以外的东西,比如性格、情感、创造性是没有办法"教"但是可以"学"的。其二,教学能力欠缺。案例教学的开展及其效果,不仅受学生学习能力及学习习惯的影响,更取决于教师的教学能力以及教学经验。目前,各高校西方经济学的教学中都在尝试进行案例教学,但由于大多数教师不能按照案例教学的规范流程进行操作,结果是尽管将案例纳入了教学内容,但案例教学已经降格为举例讲解。笔者称这一现象为"有案例、无案例教学"。这种流于形式的案例教学,除了使学生多接触几个案例以外,并没有改变其理解经济问题的思维方式[3]。其三,理论创新不足。前述西方经济学中的经典案例,其创设绝非偶然,实则遵循了一个共同规律,即都是基于经济学家对现实经济现象的敏锐观察和深刻理解,从而做出重大经济理论创新时提出来的。在经济学发展历史上,每当有创新性的重大经济理论出现时,往往都伴随着一个经典案例的诞生。从这个意义上讲,没有理论创新,就没有经典案例。以此观之,本土案例资源稀缺的根本原因,还在于我们的经济理论研究水平不高,经济理论创新不足,对经济学发展的贡献不大。

三、西方经济学案例教学的本土化路径

我国高校开设西方经济学课程已有三十多年,其教学内容大多还是囿于西方的经济实践及其经济理论。改革开放初期,我国市场取向的经济体制改革才刚刚起步,西方经济学在我国作为一门课程开设,其理论和案例的"西化"不可避免。但在三十多年后的今天,我国市场经济体制已初步形成,市场调节功能在不断增强。随着市场经济运行的实践不断走向深入,作为研究市场经济一般规律的西方经济学,在其研究和教学中,都面临着理论和实践案例的"本土化"问题。借鉴西方经济学经典案例形成及其运用的经验,我们认为,需要从以下几个方面来推动西方经济学案例教学的本土化进程。

（一）从经济学教育本土化的高度认识案例教学本土化的重要意义

案例教学的本土化，首先是一种教学方法的改革，是对案例教学的丰富和发展，其直接目的是改善教学效果。但更为重要的是，案例教学的本土化还是经济学教育本土化的重要途径。中国经济学教育的现代化，要求国际化与本土化相结合。经济学教育的国际化，就是依据通行的国际规范来开展经济学研究和教学。

而经济学教育的本土化，不仅包括在经济学研究上要以研究中国本土经济问题为主，还包括在经济学教学上逐步采用本土化教材，实施本土化案例教学，用"本土故事演绎经济学理论"[4]。具体到案例教学的开展，一方面仍要沿用经过历史选择出来的得到学界普遍认可的经典案例，另一方面又要开发和应用既符合经济学学科的一般特性，又植根于中国土壤反映中国经济现实的本土案例。

（二）积极开发本土案例资源

案例是开展案例教学的基础，没有丰富的本土案例资源，本土化案例教学就成了无源之水、无本之木。从西方经济学经典案例的来源看，开发本土案例的途径主要有：

一是在传统文化典籍中挖掘。尽管经济学在中国是一种舶来品，但不可否认的是，中国传统文化典籍中蕴含着丰富的经济学思想，加以梳理、挖掘便可成为很好的经济案例。比如"田忌赛马"就可以视作一个典型的博弈案例，"滥竽充数"是公共品引起"搭便车"问题的代表性案例，"童养媳习俗"是期权制度在中国传统社会的具体实践，"多收了三五斗"是需求价格弹性理论的生动写照，等等。

二是在本土经济实践中提炼。改革开放以来，市场经济在中国实践的不断深化以及社会经济生活各个领域所发生的显著变化，为西方经济学提供了丰富的案例素材。将发生在中国的故事归纳、提炼之后，就可转化为西方经济学本土化案例教学的重要资源。比如，与寡头垄断理论相关的"彩电价格战"，与就业理论相联系的"民工荒"，与宏观调控有关的"活乱循环"，等等。

三是在经济理论创新中凝练。基于中国经济学研究的比较优势，中国人对经济学发展最有可能做出贡献的是转型经济学和发展经济学这两个领域。因此，在这两个领域的经济理论创新中，我们也最有可能形成最具中国特色的经济案例。比如改革策略上的"摸着石头过河"，价格改革中的"双轨制"，产业结构调整中的"腾笼换鸟"，发展经济中的"招商引资"，等等。这些本土案例若能被中国经济学家推广到世界，或许未来也能成为经济学中的经典案例。

（三）精心组织本土化案例教学

西方经济学案例教学的本土化最终要落实到课堂上，通过教师的精心组织和学生的积极参与来实施。组织和实施西方经济学的本土化案例教学，不是在课堂

上随便举几个现实生活中的实例,而是要按照案例教学的规范流程实施,尤其是要把握好几个主要环节:

第一,吃透理论,精选案例。教师要根据教学内容选择恰当的本土案例,精选出的本土案例应当是典型的、有代表性的、最能揭示所学理论的案例。

第二,呈现案例,提出问题。教师可以将事先准备好的案例分发给学生,或运用多媒体等手段呈现案例,或当堂叙述案例,还可以让学生自己表演案例。在学生对案例有所体验后,教师再提出问题和教学要求。

第三,分析案例,做出判断。发挥学生的主体作用,让学生在对案例的阅读和独立思考的基础上,运用相关理论,分析问题,寻求解决方案。

第四,讨论案例,相互交流。营造一个轻松和谐的氛围,引导学生展开双方或多方的讨论,发表各自的见解,从而达到在相互交流中深化对问题的认识。

第五,点评总结,深化案例。这个环节一般由教师来完成,重点是指出学生在分析、讨论案例中的成绩和不足,如何加以弥补和提高;启发学生对案例讨论的结果进行总结,归纳出一般性的理论观点;还可以对案例做进一步拓展和延伸,以开阔学生视野,起到举一反三的作用。

【参考文献】

[1] 魏静. 谈案例教学在西方经济学教学中的运用[J]. 昆明大学学报,2008(1):78-80.
[2] 张晓燕,孙秀华. 西方经济学案例教学现状及改进的对策[J]. 当代经济,2011(10)(下):109-111.
[3] 陈银娥,刘健. 关于宏观经济学案例教学的几点思考[J]. 理论月刊,2009(12):80-83.
[4] 卢锋. 用本土故事演绎经济学理论:《经济学原理(中国版)》自序[N]. 中国经济时报,2002-07-11(7).

地方高师院校微观经济学教学效果改进探讨①

一、微观经济学课程特点与教学现状

西方经济学是经济管理类专业的专业基础课,也是教育部制定的财经类专业的重点主干课程。学好西方经济学,对于后续的会计学、财政学、货币银行学、统计学及专业拓展课的学习可以起到很好的支撑作用。并且,在当前地方高师院校就业压力巨大,考研不断升温的背景下,作为考研专业课的必考科目,学好西方经济学尤为必要。通常情况下,西方经济学分为微观经济学和宏观经济学两部分,其中,微观经济学是基础,从这些年的西方经济学教学来看,微观经济学教学效果如何对于整个西方经济学的理解和把握至关重要。但是,就地方高师院校而言,微观经济学的教学效果却并不理想,这与该课程的特点有一定关系。经历了几百年的发展,微观经济学逐渐成为一门内容广泛、体系开放、前沿性强的学科,且"理论间的递进性、推演性强"[1]。微观经济学很重要,微观经济学教学效果不理想,成为地方高师院校微观经济学教师面临的主要问题。而要改进该门课程的教学效果,需要对阻碍微观经济学教学效果提高的诸多因素进行分析,以探寻解决的思路。

二、影响微观经济学教学效果的原因分析

除了课程特点导致微观经济学学习难度较大,教学效果不明显外,我们还要从教学的主体和相关参与者的角度来加以分析。

(1)从教学管理的角度看:学时安排不尽合理。就笔者所了解的几所地方高师院校而言,微观经济学的教学课时数呈下降趋势,大体在50学时左右,相对于庞大的微观经济学体系,显然是不够的。这样的学时安排,将微观经济学的基本框架和理论介绍清楚是很困难的,从而"导致从事经济学教学的一线教师工作任务繁重,难以有时间和精力安排富有互动性和生动性的思考和讨论,难免使学习陷入无趣和繁琐之中"[2]。课程设置不尽合理。微观经济学的学习必须要具备微积分基础,从笔者了解的情况看,地方高师院校经管类专业的微积分基本上由数学院系开设,难易程度很难把握,数学的教学与数学在经济学中的应用割裂,存在着数学教学进度安排滞后于经济学教学需要的问题。笔者推导预算约束条件下效用最大化的均衡条件时,曾准备构建拉格朗日函数,却因微积分教学的滞后而作罢。考核管理不尽合理。微观经济学作为专业基础课,许多学校要求闭卷考试。卷面考试虽

---

① 本文原载于《安庆师范学院学报(社会科学版)》2011年第1期,作者张支南、杨国才。

能考查学生对基础知识的掌握程度,但很难考查学生运用相关理论分析现实经济问题的能力,更不能考查学生的经济学思维形成情况。这些综合能力的考查,更多地应该通过实验课、实践课和讨论课的考核形式来完成。也就是说,应该赋予教师更大的自由裁量权限,通过多种方式进行考核,然后合成最终成绩。

(2)从教师教学的角度看:教学和科研严重分离。部分从事西方经济学教学的教师并非西方经济学专业毕业,未系统地接受现代经济学的专业训练。且微观经济学涉及大量的数理和前沿知识,很难在科研上有所突破,因而大部分微观经济学教师并不从事微观经济学的科研。由于远离微观经济学发展的前沿和动态,教师的教学和科研脱节,难以做到教学与科研的相互促进。同时,部分教师存在现代教学手段的运用和处理欠妥的问题。微观经济学涉及大量的图形和数学推导,多媒体作图以及进行公式编辑耗费大量的时间且有一定的难度,所以部分教师仍然使用传统的教学手段,板书花费的时间多,课堂传授的信息量有限,而且学生也容易感觉枯燥和无聊,教学效果可想而知。此外,有的教师多媒体课件制作非常精美,但对于分析推导的过程这一动态的内容,却通过静态的幻灯片来展示,且放映速度太快,忽视对学生的思维培养和能力训练。凯恩斯曾说过:经济学不是一种教条,只是一种方法,一种心灵的容器,一种思维的技巧,帮助拥有它的人得出正确的结论。可见教师不仅要系统地讲解微观经济学的基本原理,更要训练学生的思维方式。微观经济学是关于资源配置的理论,更是分析经济人的经济行为的理论。微观经济学的教学过程,始终贯穿着约束条件下的最优选择和理性经济人的行为推导问题。但是,部分教师却忽视了这一点,教学的过程就是讲解一个个分裂的概念和定理的零碎知识点。教经济学,就必须培养学生运用理论分析现实经济问题的能力,"经济学从根本上来说是一门社会科学,其所要面对和解决的问题是与现实密切相关的,如果只会一些工具性的东西但没有经济素养这个最重要的'灵魂'在里面,结果只能是百无一用"[3]。但大量事实表明,我们在重视经济学知识讲授的同时,忽视了对当代大学生进行经济学素养的提升和经济学思维的训练。

(3)从学生学习的角度看:数学基础薄弱。地方高师院校经济管理类专业在招生时通常是文理兼收,以文科为主,这就意味着大部分学生的数学基础比较薄弱。而且进入大学以后,大家对学习数学的重要性认识不足,积极性和动力也明显不足,为考试而学习,数学学得好的很少,从而导致学习微观经济学时存在一定的障碍。一是思维方式难以转变。高中的政治课学习中涉及一些经济学的知识,到大一时经济管理类专业都会开设政治经济学这门课程,学生长期受这种理论体系的培养和熏陶。一旦接触到另一种体系的经济学,在基本概念和基本定理上,特别是在思维方式上,就会产生冲突,尤其对于初学者,更容易不知所措甚至产生抵触心理。笔者从事微观经济学教学多年,几乎每一届学生都会在供求决定价格这一定理上提出异议,原因很简单,政治经济学认为决定价格的是价值。二是被动学习。微观经济学较抽象,知识之间具有很强的关联性。如果能够做到课前预习,课后复习,适当做些习题,则学习效果较好。笔者多年来上第一节微观经济学课都会分享自身学习微观经济学的心得体会:读书、推演、练习、实践。但很少有学生能够做到主动学习,大部分都是被动学习,这就出现了一种很特殊的现象:没预习学生课上听不懂,听懂的自己也不会做推演,即使会做推演在练习时也是捉襟见肘,会做书上习题的未必能运用所学的知识分析现实中的经济问题。

三、微观经济学教学效果改进思路

针对上述影响微观经济学教学效果的诸多因素,结合地方高等师范院校的实际,同时借鉴其他高校的有益经验,可以采取如下措施提高微观经济学的教学效果:

(1) 从教学管理的角度看:合理开设先导课、基础课,适当增加学时,改革课程考核方式。经济管理类学生学习微积分的目的不同于数学专业,对于经济管理类学生而言,微积分是分析的工具,教学重点在于公式定理的应用而不在于公式定理本身的推导及证明,在深度和广度上也应该根据需要有所取舍。所以,建议微积分的开设及其教学应该由数学院系和经济管理院系共同商定并协作完成。同时,建议适当增加微观经济学的学时,在学时上要充分考虑到理论教学用时、实验用时和实践教学用时,赋予教师更大的自主权。再者,应赋予教师更大的考核裁量权限,教师可以根据学生的课堂表现、作业情况、小论文的撰写情况、参与实践和社会调查情况以及考试成绩,综合衡量来评定学生的课程成绩。就考试试卷而言,在注重对基础知识的理解进行考核的基础上,要强化对学生运用经济理论发现、分析和解决现实经济问题能力的考核。

(2) 从教师教学的角度看:教师要积极参加各种类型的微观经济学进修班和研讨会,不断改进教学方法,重视对学生思维和能力的培养。教师应该系统而深入学习西方经济学理论,了解经济学研究的前沿动态和进展情况,学习名师的教学方法技巧,交流教学过程中的问题和心得。教学方法上,教师应该努力探索,不断改进创新,力求掌握多媒体的运用技巧,通过多媒体教学,将专家点评、市场动态、财经新闻等融于基本理论的教学之中,做到图文并茂、绘声绘色。通过传统教学手段和现代教学手段的合理搭配,既可以节省板书的时间,又可以扩大信息量,还能够培养学生的学习兴趣,解决学生的视觉疲劳问题。教学过程中教师应该增加运用案例讨论和对比分析的方法,既要引用一些经典的案例,又要结合本土的情况设计一些新的案例。通过案例讨论的方式,可以培养学生运用理论分析经济问题的能力,从而使得抽象的理论变得生动起来。此外,对比方法的运用能够强化知识的掌握与思维的培养。例如,我们可以将预算约束线和成本线进行对比,将无差异曲线和等产量线进行对比,将商品的边际替代率和边际技术替代率进行对比,从而讨论约束条件下最大化的求解,培养学生对最优化思维的领悟。

(3) 从学生学习的角度看:激发学生学习的积极性和主动性,变被动学习为主动学习。要想使学生努力学习抽象而枯燥的微观经济学,就必须激发学生的学习兴趣,这就要求教师将知识性和趣味性融为一体,课堂实验教学法能够很好地做到这一点。在课堂上,由教师依据经济学原理设计特定场景,由学生在并不了解前人既有理论的情况下,作为行为人参与这个特定场景中,各个行为人分别最优化自己的行为,并进而根据行为人之间产生的交互作用,不断调整自己的行为。在此过程中,让学生自己发现经济人行为的规律及整个经济体系呈现出来的运行规律,然后再由教师据此讲授基于一系列假设基础上的公理化理论[4]。教师要更多地运用启发式教学的方法,避免满堂灌现象,使学生成为真正的学习主体,全力挖掘学生的学习潜力。当然,教师应该在微观经济学开始教学时就向学生明确西方经济学与政治经济学在体系、内容和方法上的差异,从而避免学习上的困惑。此外,教师强调学好微观经济学的重要性,介绍较好的学习方法,要求学生及时预习和复习,并且提供阅读书目和相关财经资料,都能增强学习的针对性和趣味性,从而提高学生的学习效果。

【参考文献】

[1] 唐龙.基于应用本科人才培养的西方经济学教学探讨[J].重庆科技学院学报(社会科学版),2009(2):195-196.

[2] 邹晓娟.中外大学本科经济学教育的比较与借鉴[J].山东工商学院学报,2009(5):120-124.

[3] 景维民,周立群.新形势下经济学课程设置思路的再思考[J].中国大学教学,2007(1):16-19.

[4] 段鹏飞.论经济学的课堂实验教学法[J].东北财经大学学报,2005(6):74-77.

情景模拟教学法与应用性课程教学改革研究
——以"商务谈判"情景模拟教学实践为例[①]

应用性课程教学的难点不仅要求教师讲授好基本理论和原理,而且需要教师传授给学生该课程所涉及的应用性知识,即让学生有相应的动手能力。传统的教学模式和手段难以满足这些需求,因此,应用性课程教学需要有针对性较强的教学改革目标,情景模拟教学就是一个非常适宜的改革方向。

一、应用性课程的教学特征与情景模拟教学的适用范围

(一)应用性课程的教学特征

1. 重视使用案例教学法

20世纪20年代,美国哈佛大学商学院首先倡导使用案例教学法,其案例多数来源于商业管理的真实情境或事件,通过设置案例让学生参与课堂讨论,培养和发展学生实际观察与分析问题的能力。众所周知,哈佛大学商学院开设的课程多应用性较强,并在MBA和MPA的专业培养中普遍使用案例教学法。中国则在1990年以后开始探究案例教学法,随后在应用性课程中,案例教学法的使用率逐年大幅度提高。案例教学法中,教师让学生讨论某一个特定的真实情景或事件,这一点与情景模拟教学方法使用特定情景进行模拟的做法是一致的。应用性课程重视案例教学法不仅是自身课程性质的教学需要,而且也是案例教学法应用到实践性强的课程的必然选择。

2. 重视实践环节教学

应用性课程重视实践环节不仅体现在教学课时所占比重大,而且体现在对实践环节的设计、组织、实施和评估有一整套的制度安排。大多数高校应用性课程在课时安排上都能够充分考虑实践教学课时的比重,一般能占到总课时的40%~50%。纵观中外实践教学现状与最新发展成果,实践教学体系可以分为三个层次:一是基础实践教学层次,通过演示或课题讨论等教学方法训练基础技能,培养学生对科学现象的观察、分析和判断能力,这一层次与情景模拟教学关联度不高,却是成功实施情景模拟教学的重要前提和基础;二是拓展实践教学层次,通过案例教学、模拟教学等方法训练专业技能,培养学生的专业应用与实践能力,这一层次和情景模拟教学高度关联;三是综合实践教学层次,通过社会实践、科技竞赛和创新

[①] 本文原载于《安庆师范学院学报(社会科学版)》2011年第2期,作者潘锦云。

性实践活动和毕业设计（论文）训练学生综合素质，这一层次是实施情景模拟教学的延续和结果。

3. 重视学生应用能力培养

首先，应用性课程一般是应用性专业课程体系中的重头戏，重视学生实际应用能力训练当然成为该课程或者专业的首要目标，并通过相关应用性课程的设计使学生职业生涯训练贯穿于教学中。其次，在课程内容的设计上，与纯理论课程内容相比，应用性课程内容更加注重学生实际动手能力的阐述，更加注重对实践、试验、案例等内容的设计。最后，重视学生应用能力培养还体现在对学生的考核上。目前应用性课程的考试方法多数放弃传统考试方式，转而采用灵活多样、更能有效检验学生实际应用能力的考核方式。如商务谈判课程就采用根据现场情景模拟的表现来评价学生成绩。

（二）情景模拟教学的适用范围

情景模拟法是美国心理学家茨霍恩等人首先提出的。所谓情景模拟是指根据被试者可能担任的职务，编制一套与该职务实际情况相似的测试项目，将被试安排在模拟的、逼真的工作环境中，要求被试者处理可能出现的各种问题，用多种方法来测评其心理素质、潜在能力的一系列方法。[1]由于情景模拟法具有信度高、效度高、预测性强等优点，逐渐被人们嫁接或移植到各种层次的教学实践中来，特别是在应用性课程教学实践中不断地被使用。

情景模拟教学法应用到教学实践中，不能简单地做嫁接或者移植，应根据教学活动的特点和规律，因地制宜、灵活而创新地使用情景模拟教学法。因此，情景模拟教学法应有自己的适用范围，需具备一定条件和基础，不是所有性质的课程都适用。

1. 课程应属于应用性质，纯理论课程不适合情景模拟教学法

情景模拟教学法核心特征是通过模拟情景锻炼应用能力，即通过让学生扮演某个体或群体中某一特定角色，在事先设置的情景中参与事物发展过程，体验事物发展规律与特征，获取相应的知识和技能，提高动手操作能力。[1]因此，要采用情景模拟教学法的课程首先应该是应用性课程，而非纯理论课程。一是应用性课程需要学生具备相应的动手能力，学生需要在一定模拟情景中获得直观的感知，并在感知中获得认知和提高。二是教师在讲授应用性课程中需要借助特定形式来表现其应用课程的性质，模拟某些难以用语言阐述的技能，而模拟教学可以克服这些局限。以上两种需要都是应用性课程所具有的特征，纯理论课程更多靠讲授、归纳和演绎等教学法来传授。

2. 模拟内容应属于实践性强的教学内容，实践性不强的理论内容不适合情景模拟教学法

即便是应用性课程也不是每个章节都需要采用情景模拟教学法，只有实践性强,易于在课堂或特定场所模拟的章节,才应该采用该方法。因此,应用性课程在需要进行理论教学时,还应该坚持传统的教学方法,并不需要强调所谓教学创新而放弃传统教学模式。同时,情景模拟教学法适用于需要模拟教学而理论教学不能胜任的教学内容,浅显、不需要模拟的实践内容也不适合情景模拟教学法。

二、商务谈判情景模拟教学的实践与绩效

商务谈判课程是经济与管理类专业主干课程,属于应用性质课程,需要在教学中经常采用情景模拟教学方法。笔者以该课程情景模拟教学为例,来阐述应用性课程情景模拟教学的设计、实践和效果。

(一)商务谈判情景模拟教学的设计

1. 模拟谈判的目的与意义

模拟谈判的目的是通过模拟教学,让学生将基本理论和原理运用到模拟商务谈判实践中去,以提高学生对该门课程的感性认识,锻炼学生实际的商务谈判能力。该模拟教学的意义是在优化传统的教学模式基础上,突破传统课堂教学模式的局限性,实现以学生为主体、教师适时点评的现场仿真教学模式,实现从理论课堂教学模式到现场模拟教学方式的重大转变,实现实践教学模式的创新。

2. 模拟案例案情的内容设置

内蒙古某进出口公司(以下称甲方)向韩国某公司(以下称乙方)出口某种绿色食品(绿鸟鸡)。由于韩国烧烤消费市场很大,再加上绿鸟鸡基本属于放养模式,其生产周期长,产量低,乙方派人到甲方所在地谈判新的订货合同。上一单定价为3950美元/吨,随着订单的增加,货物供应渐显不足,市场价格攀升。甲乙双方谈判时,市场价呈现波动状态。甲方要求大幅度提高成交价至5000美元/吨,以防将来不能供货。乙方则坚持,未来难料,马上涨价不公平,认为甲方涨价太多了,可以适当提高采购价。为此,双方展开了一场艰难的模拟谈判。

(二)商务谈判情景模拟教学的实践

1. 模拟商务谈判的组织安排与主要内容

授课班级分别承担甲方和乙方的谈判任务,每个班级各推荐出9名商务谈判员,其中1名主谈判员和1名谈判组长由授课教师根据学生平时表现指定。同时,为了充分调动其他同学参与的热情,除了参与现场谈判9名同学外,其他同学分别担任公司的正副董事长、正副总经理、正副营销部部长等职务,职务可以根据需要,尽量多设置岗位,以满足每位同学都能参与模拟教学中来。甲乙双方情报收集工作由各自安排专人做,商务谈判方案与策略由公司高层通过董事会来确定。在事先知晓上轮谈判详细结果的基础上,本轮谈判的范围主要围绕农产品绿鸟鸡的贸易术语、成交价格、交易币种和支付方式等四项事宜进行了再谈判。另外,为了确

保模拟谈判的效果,谈判开始前5分钟,授课教师分别单独给出甲乙双方最后成交价格区间,并确保双方有重叠的成交价格区域,但在贸易术语、交易币种和支付方式等谈判条款上不明确任务,由甲乙双方通过谈判自己争取。

2. 模拟商务谈判的结果

在模拟商务谈判教学结束后,授课教师进行适时点评,并评选出获胜班级。教师再根据谈判表现,选出表现优异的选手颁发"最佳商务谈判员"和"优秀商务谈判员"荣誉证书。在点评中授课教师结合模拟案例进行全过程详细解析,指出模拟谈判过程的得与失。重点对学生在模拟中忽略或者做得不够好的方面进行点评,并提出建设性意见,以便学生改正与改进。在以后的理论教学中,结合模拟谈判案例进行有针对性的理论讲授,加深学生对基本知识点的理解与把握。

(三)商务谈判情景模拟教学的绩效

模拟商务谈判教学模式是商务谈判课程教学改革主要体现形式,实现了对传统教学模式的突破,巧妙地完成了对该门课程的仿真教学;克服了理论教学与实践教学相脱节的弊端,让学生不仅熟知各自所扮演的谈判员角色,也通过商务谈判模拟教学过程了解其他角色(如公司管理层)的实务流程和业务技巧,拓展学生所学专业知识的范围,特别是在增加了国际贸易专业实务等谈判元素后;通过模拟商务谈判教学,实现了实践教学与课堂教学的有效互动,锻炼学生实际的商务谈判能力,并通过教师及时有效的点评,让学生及时发现自己所学的不足,再让学生重回到理论和书本中寻找答案和解决方法,以便更好地服务于课堂教学,真正实现课堂教学和实践教学的良性互动;摆脱了长期在课堂教学不能有效开展实践教学活动的困境。通过模拟商务谈判教学模式不仅获得以上创新的益处,而且非常鲜活地展示了模拟教学模式的强大生命力,为其他应用性课程教学改革提供了有益的经验和探索。

三、情景模拟教学法契合应用性课程教学改革方向

一般来说,教学改革应包括对某一课程的教学方法、教学内容、教学手段等方面进行改革,通过改革达到所需要的教学目标。[2]当然,应用性课程教学改革方向也不例外,情景模拟教学法契合应用性课程教学改革方向。

1. 情景模拟教学契合应用性课程教学方法

从上文商务谈判模拟案例的实施效果来看,情景模拟教学方法与应用性课程对教学方法的要求是一致的。应用性课程的教学需要学生在一种特定的逼真的环境中感受、模仿、学习和总结,而情景模拟教学方法正好与此要求相吻合。与纯理论课程教学模式固定和呆板相比,应用性课程教学模式需要灵活多样,需要根据课程内容适时变化教学手段,而情景模拟教学可以根据不同的应用环境做相应的教学模拟,满足应用性课程对教学方法的要求。

2. 情景模拟教学契合应用性课程教学内容

应用性课程教学最大的特点是应用性,一般来说,该类课程在内容体系上会尽可能多地安排实际应用的技能性知识点,这就需要在实际教学中教师通过采用一定的教学手段让学生掌握这些基本技能,根据每个应用性知识点的特点,安排相应的情景来模拟教学环境。情景模拟教学完全能够适应应用和技能性知识的传授,而且在使用中获得比较低成本的优势,因为该教学模式可以在教室、实验室通过简单的道具就可以模拟完成,而不需要以深入工厂、制作模型或者远赴外地考察等耗时耗物的方式完成。

3. 情景模拟教学契合应用性课程教学目标

从教学内容到教学方法,从教学实践到教学考核,应用性课程教学目标始终围绕提高学生实际动手能力而设计。[3]完成这些目标,需要使用教学效果好、教学成本低的教学方法。情景模拟教学虽然不是最新或者最好的方法,但其自身具备较明显的教学优势,完全契合了应用性课程的教学目标。从目前全国教师实施结果来分析,情景模拟教学得到了教师和学生的普遍欢迎,获得了预期满意的教学效果。综上所述,情景模拟教学不仅满足应用性课程教学方法、教学内容与教学目标对教学法的要求,而且也应该成为应用性课程教学改革的方向。

四、应用性课程情景模拟教学的创新原则

情景模拟教学方法经广大教师使用以来,不仅取得预期的实践教学效果,而且很多教师在使用过程中勤于思考、勇于创新,获得了更多创新性的情景模拟教学方法,但在实际应用中也出现了为了创新而使该教学法走形或变质等现象。因此,应用性课程情景模拟教学创新必须坚持以下原则。

1. 坚持遵循教学规律的创新原则

首先,情景模拟教学属于正常教学活动的一种类型,应该遵循教学活动基本规律。[4]教师通过教学活动引导学生掌握知识的过程,实际上是把人类的智力成果转化为学生个体认识的过程。而这样的教学过程必然是一种简约的、经过提炼了的认识过程,学生在教学中的认识过程,从认识的对象、认识的环境到认识的活动等都有着它自身的规律和特点。因此,教学规律是贯穿于教学活动中客观存在的、必然的、稳定的规律,无论从形式和内容对情景模拟教学法进行创新,都必须遵照教学规律来实施。其次,遵循教学规律能够保证对情景模拟教学创新的质量和效率。在实施情景模拟教学创新过程中,始终遵循教学规律,能够保证创新活动沿着正确的方向前进,能够保证创新过程有的放矢、循序渐进和高质量地进行,最终实现情景模拟教学创新的高效率,即在改进教学质量和提高教学效果上有所贡献。

2. 坚持由繁到简的创新原则

目前,对教学方法的创新存在着由简化繁的误区,有些教师认为把能够简单解释清楚的教学知识演变成需要通过各种方法和工具才能说得清楚的工作也是创

新。将创新理论应用到教学活动中,根据熊彼特对"创新"的理解,所谓的教学创新就是要建立一种新的教学平台或教学方式,实现关于教学要素或教学条件的"新组合",并引进教学活动中去,以实现对教学实践的"新组合",从而最终实现知识更好更快的传播。因此,从本质上来说教学创新应由繁化简,通过把过去复杂的教学过程通过创新简化,提高教学效率。因此,应用性课程情景模拟教学创新也不例外,也应该遵循这一原则。

3. 坚持服务应用性课程的创新原则

情景模拟教学是通过特定情景的再现实现所需的教学效果[5],从其活动表现形式来说,与应用性课程对教学方式的诉求是一致的。应用性课程教学的核心目标是让学生获得应用性知识和相应的动手能力,情景模拟教学的功能是让学生在扮演某一角色中感知应用性知识,为日后类似的工作获得相应的实践经验,因此,对情景模拟教学的创新,一要坚持为应用性课程服务的创新原则。强调应用性是两者共同的价值取向,所以,增强应用性的实践效果也就成为了创新情景模拟教学法的职责。二要坚持为增强学生动手能力服务的创新原则。任何一项情景模拟教学方法的创新都应该围绕教学主体"学生"而开展,鉴于该教学法"实践第一"的价值取向,增强学生动手能力就成为该教学法创新要遵循的重要原则。

【参考文献】

[1] 戴国良,周永平.情景模拟教学研究与实践[J].南方论刊,2010(3).
[2] 张国宝,焦立新.情景模拟教学法在市场营销专业课程中的应用探索[J].高等农业教育,2010(2).
[3] 李敏.论模拟谈判教学模式在商务谈判课程中的应用[J].现代企业教育,2007(18).
[4] 任大廷.模拟涉外商务谈判实践教学环节的探索[J].高等农业教育,2008(9).
[5] 雷宇.提高模拟商务谈判实践教学效果的探索[J].宁波工程学院学报,2010(2).

国际结算多维教学方法研究[①]

随着信息技术的飞速发展,大学教育正接受着知识爆炸的挑战,正是大学教学模式进入战略革新、激烈竞争和新一轮起飞的时期。全新的教育理念、全新的教学模式和管理模式,对广大教师提出了新的要求,传统的教学方法已不适应新形式的需要。尽快适应这种日新月异的数字化环境,掌握和探索新的教学方法,迎接信息时代的挑战,成了摆在教师面前的重大课题。我们应根据现实情况针对国际结算课程、国际贸易专业特点、学生特点进行研究,以期总结出一套行之有效的国际结算教学方法。

一、国际结算课程特点

在我校的能力类课程实施方案和相关能力型课堂教学设计中,我有幸承担了国际贸易专业(本科)国际结算这门课程的课程责任老师和主讲教师的工作。从实际的教学工作来看,该门课程具有以下三个特点:

(1) 专业性较强,涉及面广。
(2) 英语基础要求较高。
(3) 实践性、操作性较强。

基于这三方面的特性,传统教育方式存在着较大的局限性。要在有限的课时内系统讲授完课程的全部内容,并给予学生足够的时间进行单据填制及审核方面的实际操作训练,显然是不切实际的。在传统教学过程中,教师深感需要讲的内容太多太细。不讲条款规定,实务讲解没有依据;详细讲述条款规定,难免枯燥无味且占用时间太多。实务讲解也同样存在这个问题,讲的过细则头绪繁多且课时不够,粗略带过又觉内容空洞,深恐学生学不到东西。与此同时,学生也深感国际结算难学。难在没有实践基础,仅凭空想象,总觉云里雾里;难在内容过多过细,重点把握不准,记忆也不长久,学完后的感觉是脑子满满的、空空的。这就要求我们依据国际结算课程特点,学生的实际学习困难,以及现有的有利条件,尝试新的教学模式。

二、国际结算课程目标

国际结算课程面向拥有国际业务的银行及外贸方向的企业公司的工作需要,立足于国际结算方式基本操作技能的培养,理论结合实际,强调课程的岗位操作

[①] 本文原载于《课程教育研究》2012 年 11 期,作者盛志鹏、陈波。

性,注重学生的敬业精神以及结算业务操作中发现问题、分析问题、解决问题等综合能力的培养。通过讲授与实务操作,使同学们了解和掌握国际结算中涉及的各种票据,主要是汇票、本票和支票;熟悉几种主要的结算方式,如汇款结算、托收结算、信用证结算等方式;掌握几种主要的单据,如商业发票、海关发票、保险单、海运提单等;还要全面了解国际结算中涉及的国际惯例和规则、贸易术语与惯例的应用;并且通过开辟校内专门实训室以及校外实训基地的业务实习,突出动手能力的培养,注重将知识转化为能力,达到学以致用的目标。

国际结算课程具体目标:
(1) 至少取得一种从事国际结算与对外经贸业务所需要的职业资格证书;
(2) 了解国际结算的基本理论与结算方式的操作流程及必要的专业知识;
(3) 掌握进出口贸易实务操作的基本技能;
(4) 能发现、分析并解决进出口贸易及其结算活动中常见的实际问题;
(5) 掌握必要的国际结算与国际贸易英文专业书写与翻译能力;
(6) 掌握国际贸易结算中单据制作技巧,并能设计出一整套结汇单据;
(7) 了解主要贸易对象国的文化、风俗习惯与礼仪,提高结算工作效率。

三、教学模式设计的理念和思路

前面对于国际结算的特点和教学目标做了一个简要的概括,这里以其为依据进行新的教学模式设计。

(一) 设计理念

教学模式是依据教学思想和教学规律而形成的在教学过程中应该遵循的比较稳固的教学程序及其方法的策略体系,包括教学过程中诸要素的组合方式,教学程序及其相应的教学策略。教学模式的设计理念是教学模式构成的出发点和落脚点,它最终决定教学模式教学过程中各要素的搭配关系。国际结算课程的教学模式改革的设计理念是:现代教育思想强调以学生为主,国际结算教学也应充分体现学生的主体地位。在整个教学过程中要充分体现"开放、自主、灵活、互动"的原则,即学生自主学习为中心,通过"导学＋助学＋促学",完成国际结算课程的教学任务。

(二) 构建思路

构建本课程教学模式的基本思路是:充分利用现代信息技术和计算机技术,在计算机网络平台的基础上,充分依靠我校的教学支持服务体系来组织、实施教学活动,探索并构建基于电子信息环境的"以学生为中心、多维互动为手段"的本课程教学模式。

（三）设计目的

（1）针对实务性较强的课程特点，可加强实践教学，让学生在自己动手的过程中体会和巩固理论知识，并寻找到学习的乐趣，以此实现知识能力的互动。

（2）根据当前国际结算实际，扩充案例教学内容，让学生在分析案例的过程中掌握和灵活运用所学知识，以此实现学生之间的互动。

（3）针对本课程规则多、内容细、学生听过就忘的现状，引导学生充分利用实验室教学系统的各种资源，以学生自学为主、教师检查为辅，以此实现课内课外的互动。

（4）由于本课程存在内容较多且实务性极强的问题，学生理解会出现各种偏差。为此，教师通过多种途径为学生释疑解惑，以此实现教师学生的互动。

基于以上问题，对国际结算的教、学、辅导，可采取"自主＋多维互动"教学模式，目的在于通过电子信息环境实现教师与学生互动、学生之间互动、知识和能力互动、课内与课外互动等多为互动，达到最佳的教学效果。

四、"自主＋多维互动"教学模式设计的基本框架与实施方案

（一）实践教学——知识能力互动

实践教学模式既是一种教育理念，又是教育的手段和环节之一。实践教学模式并不是否认课堂教学的理论灌输，恰恰相反，是要跳出传统的重理论知识灌输、轻实践能力和创新精神培养的思维模式，运用一种有利于培养学生实践能力的形式，增强理论教学的吸引力和感染力。

在高校从事国际结算教学的教师多从事过国际结算实务工作，甚至有的经验还相当丰富，有的教师虽未真正做过结算业务，但也曾多次实习、调研，比较了解实务操作。实际中，教师应做到以下几点：

第一，突出课堂教学的实践性。首先是教学内容要体现实践性。不仅要讲授该课程的基本内容，还要根据学生的要求开设一些专题性讲座。其次是教师的选择要体现实践性。根据不同的教学内容，可以聘请教学经验丰富的老师讲授理论知识，可以邀请一些实务界人士进讲堂，让他们结合自己的切身实践来谈理论。再次是教学方式要体现实践性。除课堂讲授外，国际结算的理论教学可围绕教学主题组织学生以多种形式展开研讨，使学习过程呈现多元化和个性化。

第二，拓展实践教学的空间和渠道。大学拥有各种丰富的教育资源，充分利用这些资源，拓展学生国际结算教学的空间和渠道。譬如，利用多媒体开展实践教学，形象生动地演示教学内容。教师可以通过多种途径，如留言板、电子邮件、资源栏目等扩充课程的实践效果。

第三，组织开展社会实践活动。针对课堂教学中的问题，组织和指导学生深入开展形式多样又能反映教学主旨的社会实践和服务活动。选择和确定好实践项

目,以学生实践小组的形式,让学生带着理论上的疑问到实务中去找答案,带着理论学习的成果到实务中接受检验。一方面可使学生在社会调查和服务等实践活动中深化对所学理论的认识,另一方面又实现了课堂和社会实践的有效对接。

(二)案例研讨——学生之间互动

本课程使用的案例,是指在国际结算业务中、发生的、具有代表性的例子。案例教学法就是把案例作为一种教学工具,教师对案例进行讲解,并对其进行全面的分析,做出客观公正的评价,用以指导学生、帮助学生实现理论知识向实践能力的转变。

案例研讨教学要能完成,必须经过以下环节:

第一,准备阶段。此阶段要做的工作是:① 要求学生对所要研讨的内容进行预习,仔细阅读案例,熟悉案例背景材料。② 根据案例,将学生分组,让学生来扮演案例中的不同角色(如申请人、受益人、开证行、议付行),切身体验当自己处于头绪纷繁的案例中,如何去发现问题和分析问题,并提出相应的对策和解决方案。

第二,讨论阶段。在教师的引导下,组织学生对案例进行讨论。让学生站在各自扮演的"角色",各抒己见,并要求对案例中的各种现象和问题进行因果分析。教师要不时提醒学生注意关键细节,以保证教学环节目标得以实现,即让学生通过对案例分析重视学科知识的钻研和学习,同时让学生尝到运用所学知识解决问题的乐趣。

第三,教师总结。教师将学生讨论的内容汇总,给出正确的结论。

(三)资源利用——课内课外互动

在教学过程中,学生在教师指导下通过上网查阅国际结算课程自学指南,明确学习该课程的重要性,了解该课程的知识结构体系、学习资源、学习的重点和难点以及自学思路和方法。在此基础上,学生根据自身特点利用多种教学媒体进行自主学习。如阅读文字教材、浏览音像资源,利用实验室课程教学平台进行自主学习。

首先,教师在讲授此课程时,围绕主要讲授的内容,运用多媒体直观教学手段,将教学模块制作成多媒体课件,使教学内容形象生动,引起学生学习兴趣,也便于学生理解、记忆和掌握。利用制作精良的教学课件及其声音效果、图像效果、文字效果、颜色效果等,充分地展示该课程的内容,吸引学生的学习兴趣,增强学生的学习效果。

其次,教师要利用印刷媒体(教材、辅导书、考核册等)、音像媒体(教学录像、直播课堂等)、网络媒体(网页、上传下载等)为学生提供翔实完备的课外学习资料,使学生在课后有机会让自己主动地参与到学习巩固中去。

最后,为了达到课内外互动的效果,把课堂内外有机结合起来,教师要利用多种途径对学生进行促学、助学和导学,比如利用现代网络通信技术缩短学生和教师的距离。另外教师要提供学生课余学习的素材或者要求学生查找相关内容。

（四）释疑解惑——教师学生互动

释疑解惑是指教师运用各种途径与学生进行实时或非实时的交流，充分发挥交流工具的作用来解决学生在自主学习过程中或小组协作学习过程中存在的问题，对学生的学习活动进行引导。

一方面，教师的角色应从知识的传授者与灌输者转变为学生学习的帮助者和引导者，小组协作学习的指导者和协调者，教师通过在线讨论、电子邮件、BBS、电话、QQ、MSN等手段来解决问题，帮助学生了解学习内容，掌握学习的重难点，引导和激发学生在网上查阅相关信息资料，指导学生完成自主学习。另一方面，教师与学生开展广泛的课外交流，通过以上多种方式，随时探讨问题、交流思想，对学生的学习和实践给予及时指导，同时使师生关系更加密切。

（五）考核——教考互动

自主＋多维互动教学模式中课程考核包括三项内容，即：自检自测、形成性考核和终结性考核。

（1）自检自测。自检自测是学生通过课程自检自测题、课堂测试、课后作业等，对自己掌握知识的程度进行了解和评价的过程。通过自检自测，学生对学习中遇到的重点、难点，予以解决。

（2）形成性考核。形成性考核是对学生学习过程的测评。其根本目的是加强对学习过程的指导和管理，及时反馈学习信息，指导教学，提高学生的综合素质和能力。通过过程考核既可以督促学生的学习，了解学生的阶段性学习情况，以便对学生进行个别化辅导或指导，同时，也可以预防学生在期末突击应试，减轻期末考试对学生的压力。

（3）终结性考核。终结性考核检验学生对一门课程理论知识的掌握情况，同时也衡量学生对理论知识的应用能力，更重要的是考核学生分析问题、解决问题的水平。终结性考核的成绩往往代表了学生学习该课程的水平。

课程考核是对学生的知识、技能和能力的综合评价，是开放教育教学环节的重要组成部分。它不仅是检查学生对本门课程掌握、理解程度的重要手段，也是评定学生学习成绩的主要依据之一。

【参考文献】

[1] 刘卫红.关于国际结算课程教学的思考[J].中山大学学报论丛,2004(4):391-392.
[2] 曹勇.国际结算课堂教学方法改进探讨[J].天津市财贸管理干部学院学报,2006(3):31-32.
[3] 杨慧.高职高专国际结算课程双语教学实践研究[J].金融理论与教学,2002(2):45-66.

基于翻转课堂的国际贸易理论与政策课程思政教学改革探析[①]

2016年12月7—8日召开的全国高校思想政治工作会议上,习近平总书记强调高校思想政治工作与高校培养什么样的人、如何培养人、为谁培养人关系密切,指出要坚持以立德树人为中心环节,把思想政治工作贯穿于教育教学全过程,以实现全程育人、全方位育人,竭力开创我国高等教育事业发展新篇章。2019年4月30日纪念五四运动100周年大会上,习近平总书记强调要把青年一代培养造就成德智体美劳全面发展的社会主义建设者和接班人。

一、合理挖掘国际贸易理论与政策课程教学内容的思政元素

在专业课程的授课过程中,专业课教师们将高校思想政治教育等融入全过程专业课程教学是一项长期系统工程。

在讲授国际贸易的产生的内容时,可通过马可·波罗在中国的故事引入,"中国人做饭取暖时,不用木材,而用一种黑石头,买卖东西时,中国人用纸币,中国处处都是财富",激发同学们的民族自豪感,启迪同学们深刻领悟实现中华民族伟大复兴的内涵。

在讲授国际分工的内容时,通过"微笑曲线"引入,[1]以华为5G网络为案例,重点呈现华为员工艰苦奋斗、追求精益求精的态度和品质。提供课后补充学习视频或音频等资料,如建议同学们下载"学习强国"APP,观看《大国工匠》系列视频,并要求做笔记写感想,并在下节课课堂上与大家分享。以此来激发同学们自觉培养工匠精神。

在讲授国际贸易理论的内容时,应增加马克思国际贸易理论的内容,重点剖析马克思国际贸易理论研究方法和研究对象、理论基础及政策主张,特别是国际价值。现有教材很少有马克思对国际贸易理论阐述的内容。借用马克思理论去判断西方国际贸易理论,如用马克思的价值论去批评李嘉图欠缺的劳动价值理论,可以增强、激发我们的理论自信。

在讲授国际贸易政策的内容时,借助日本国际贸易政策史案例,引发同学们结合主要发达国家贸易政策的历史,从理论评析中国当前对外贸易政策的趋势,引发同学们心系祖国的责任感。课后布置作业,请同学们去查阅资料,了解法国、美国

[①] 本文原载于《科教文汇》2020年第8期,作者殷功利。

及德国等国在崛起前实行的对外贸易政策具体内容是什么,从而获取可供借鉴的国际经验。

在讲授国际贸易措施的内容时,以中国国际进口博览会案例引入,请同学们思考中国为什么创造性地举行进口博览会?其与构建人类命运共同体的关系?从而激发同学们的世界情怀。

在讲授国际服务贸易的内容时,通过展示两张图片,一张为我国陶瓷、茶叶、丝绸等出口商品图片,另一张为《少年的你》《流浪地球》及《知否知否,应是绿肥红瘦》等出口影视剧图片,请同学们通过两张图片来讨论我国外贸发展轨迹,通过讨论我国对外服务贸易出口结构变化对增强我国文化自信的作用。

在讲授跨国公司的内容时,以世界500强企业为例,重点分析中国历年上榜数量,重点关注华为、东风、一汽、上汽、中国建筑工程总公司、中国铁道建筑总公司等制造建筑业实业企业,重点聚焦阿里巴巴集团、京东集团、腾讯控股有限公司等网络技术有限公司。思考以下问题:互联网发源于西方,而今天世界的移动支付市场主要在中国,为什么中国移动支付、微信、支付宝在中国可以发展得这么快?以此增强同学们实现中国梦的坚定信心和爱国热情。

在讲授WTO的内容时,以中国加入WTO谈判了15年为题,探讨国际商务谈判是一项艰巨的工作,对谈判者的谈判技巧、心理素质、高度使命感和社会责任感要求很高,因为国际商务谈判关系到国家、社会、集体、公司的利益。忠实履行条约协议合同是基本的道德要求,谈判者在工作时要坚守诚信。[2]

在讲授区域经济一体化的内容时,布置课前作业,以"一带一路"为案例,请同学们带着"中国为什么要搞'一带一路'?""'一带一路'将会带来什么?""'一带一路'倡议的内涵"等问题去查资料,课堂上请同学们谈谈"一带一路"的过去、现在及未来等,下课时抛出什么是"丝路精神"让学生去思考。

在讲授国际贸易与经济增长的内容时,通过图表来展示1978年以后世界贸易的格局、地理分布变化、各国对外贸易总额排名的变化。其中,中国对外货物贸易总额在全球的名次从1978年的第32位升到了第1位,这个成就特别引人注目,我国已经完成了向贸易大国的转变,正在迈向贸易强国,[3]以此来激发同学们"我以中国为荣"的爱国主义情怀。

二、进一步提高专业课教师思政水平

首先,进一步推进"双带头人"培育工程。"双带头人"率先在专业课思政方面做出成绩,然后带动提升系(教研室)其他教师的专业课思政水平。其次,专业课教师主动向思政专业老师学习和研讨,求教如何把抽象的、宏观的思政教育内容讲得生动具体,让专业课程思政内容鲜活起来。最后,到兄弟院校进行学习考察,学习同行们怎样开展专业课程思政教学改革。

三、积极开展"第二课堂"活动

在第一课堂对专业课程思政产生初步理性认识后,安排同学们实地体验、参观专业实习基地与红色纪念馆,激发同学们的专业情感和爱国主义情怀。如到实习基地参观,让同学们了解工匠精神,让艰苦工作、诚实守信的企业文化对同学们产生潜移默化的影响。赴安庆市革命烈士陵园,缅怀革命先烈,增强同学们的历史使命感和社会责任感。拜谒陈独秀陵园,让同学们进一步深刻体悟"不忘初心,牢记使命""无论我们走得多远,都不能忘记来时的路"等内涵。[4]

四、选用专业课程思政教材、教学手段创新、考核改革

教材要选用体现专业课程思政的教材,[5]教材内容与国际贸易岗位对人才价值观、素质、技能、知识要求匹配,课程思政、立德树人通过润物细无声的方式得以实现。

教学手段要创新,回归"学生为本",让学生的积极性、自觉性充分发挥,灵活运用混合式、翻转课堂等教学手段,积极采用模拟等教学方法。[6]

创新考核模式,注重过程考核,考试成绩占比51%,平时成绩占比49%,平时成绩中课程思政占50%,课程思政考核由过程评价和终结评价两部分组成。[7]

【参考文献】

[1] 殷功利.中国贸易顺差研究:结构、效应与可持续性[D].南昌:江西财经大学,2012.

[2] 崔蕾,徐颖.基于课程思政视角下高职国际贸易实务课程教学改革与实践探索[J].轻工科技,2019(11):174-175.

[3] 殷功利.中国对外开放、要素禀赋结构优化与产业结构升级[J].江西社会科学,2018(10):110-114.

[4] 黎凌宏,邓志军,杨勇.高职院校专业课程思政的教学探究:以国际贸易实务课程为例[J].文教资料,2019(21):195-196.

[5] 蒋伟.立德树人理念下高职院校思政改革的路径研究:以国际贸易实务专业课程为例[J].科技教育,2019(13):110-111.

[6] 李旋.翻转课堂在国际贸易理论与政策本科课程教学中的应用及实践:以贵州大学为例[J].教育教学论坛,2018(23):135-136.

[7] 马艳艳,任曙明.经济学原理课程思政教育实现路径探索[J].黑龙江教育(高教研究与评估),2019(8):1-3.

第四章
国际经济与贸易专业实践

科研促进教学，教学促进科研，教学科研相长。国际经济与贸易是经济学的一门应用学科，国际经济与贸易专业教师一方面要提高教学水平和教学效果，另一方面要发挥理论研究推动和服务经济社会实践的功能，正如安徽财经大学副校长冯德连教授一直强调的国际经济与贸易教师要结合自己的专业进行研究，申报国家级、省部级、教育厅课题项目，对接政府企业课题，服务地方。安庆师范大学国际经济与贸易专业教师在外贸行业发展方面进行了较为丰富的研究，为地方外贸发展提供了有价值的参考。本章收录了国际经济与贸易教师发表的几篇代表性论文，这些成果是从外贸企业、区域外贸发展存在问题及对策的视角进行研究的，这反映了安庆师范大学国际经济与贸易专业教师对外贸行业发展的研究具有了一定的系统性。

评价国际经济与贸易专业建设水平，可以从学生学习的效果来判断，评价学生学习的效果，可以从学生作品水平来判断。安庆师范大学国际经济与贸易专业历来重视学生课外作品水平的提升，营造了比较浓郁的学术氛围。学生课外学术作品获奖累累。2017年5月由殷功利博士、杨国才教授指导的我校Emperor团队荣获第二届安徽省大学生国际贸易综合技能大赛一等奖，2019年5月由殷功利博士、潘锦云教授指导的我校Augety团队荣获第四届安徽省大学生国际贸易综合技能大赛一等奖，这是安庆师范大学国际经济与贸易专业省级综合改革试点和安庆师范大学校级优秀基层教研室（国际经济与贸易教研室）示范项目建设的一项阶段性重要成果。两个团队的优异成绩赢得了教育部高等学校国际经济与贸易专业教学指导委员会冯德连教授的高度赞扬和充分的肯定。Emperor团队获奖作品《岳西翠兰参展策划书》和Augety团队获奖作品《小豹翻译棒参展策划书》，对有志于参加大学生国际贸易综合技能大赛的选手撰写参赛作品具有较高的参考意义。

安庆市出口贸易与经济增长的实证分析[①]

安庆市位于安徽省西南部,长江下游北岸,是长江沿岸著名的港口城市。安庆已与世界上100多个国家和地区建立了贸易往来关系,出口商品达200多种。

改革开放40多年来,安庆市利用自身的比较优势,加快对外开放步伐,经济增长取得令人瞩目的成绩。1994年,安庆市外贸出口总额为1.8716亿元,2008年为24.142亿元,年增长率20%。与此同时,1994年安庆市的国内生产总值为154.87亿元,2008年为704.72亿元,年增长率11.4%。2009年1至8月累计出口达到23441万美元,同比增长4.11%(全国下降22%,全省下降26.66%),我市出口形势明显好于全国、全省。进出口总值超千万美元的企业有7家,这7家企业占全市进出口总额的36.4%。安庆市的经济发展,出口贸易贡献很大。因此,本文通过分析安庆市对外贸易促进经济增长的现状、存在问题,为安庆制定与经济发展相适用的外贸政策提供借鉴。

一、对安庆市出口贸易的实证分析

1. 宏观经济变量的选取与数据处理

本文选取1994—2008年为样本区间(如表4.1),以出口贸易额(EX)、国内生产总值(GDP)两个时间序列来分析二者之间的关系。出口贸易额用当年平均汇率换算成以人民币为单位。为消除时间序数列中存在的异方差现象,更好地说明各变量之间的关系,提高模型的拟合效果,文章对GDP取对数,记作LnGDP,为反映序列之间的内在关系,可以对序列EX、LnGDP进行一阶差分变换,得到一阶差分序列DEX、DLnGDP。

表4.1 安庆市1994—2008年国内生产总值(GDP)以及贸易出口总额(EX)(单位:亿元)

年份	GDP	EX	年份	GDP	EX
1994	154.87	1.87	1999	255.17	4.70
1995	175.00	2.62	2000	265.20	6.88
1996	205.00	3.51	2001	264.61	7.03
1997	252.20	3.56	2002	285.48	8.24
1998	248.00	3.79	2003	323.60	10.45

---

① 本文原载于《安庆师范学院学报(社会科学版)》2010年第2期,作者殷功利。

续表

年份	GDP	EX	年份	GDP	EX
2004	392.02	12.27	2007	593.51	21.56
2005	429.64	14.14	2008	704.72	24.14
2006	494.19	17.60			

数据来源:《安庆市统计年鉴(1994—2008)》。

2. 序列的平稳性检验

在进行时间序列分析时,传统上要求所用的时间序列必须是平稳的,否则会产生伪回归(Spurious Regression)现象,使得回归模型的结果丧失了解释现实经济现象的意义。单位根检验的方法通常有 DF 检验法、PP 检验法和 ADF 检验法,我们采用 ADF 检验法,最大的滞后项使用 Eviews 3.0 根据样本自动推荐的 q 值。检验结果见表 4.2。

表 4.2 平稳性检验结果

变 量	ADF 检验值	检验形式(c,k,n)	临界值(5%)	结论
LnGDP	−1.23	(1,1,1)	−3.83	不平稳
EX	0.30	(1,1,1)	−3.83	不平稳
DLnGDP	−3.85	(1,1,2)	−3.41(10%)	平稳
DEX	−4.41	(1,1,1)	−3.87	平稳

注:① 检验形式中,c 为常数项,k 为趋势项,n 为滞后阶数。② D 表示变量的一阶差分。当 ADF 大于临界值时,说明序列不平稳。

表 2 表明,LnGDP、EX 是非平稳变量,不能直接运用 OLS 分析,但其一阶差分变量存在平稳性,即变量均为一阶平稳变量。正由于 LnGDP 和 EX 都是 I(1) 的,变量之间符合存在协整关系的条件,可能存在协整关系。若变量之间存在协整关系,则可运用回归分析。下面就对两者之间是否存在协整关系进行检验。

3. 协整检验

虽然时间序列 LnGDP、EX 是非平稳的单整序列,但其可能存在某种平稳的线性组合。这个线性组合反映了变量之间长期稳定的比例关系,即协整(Cointegration)关系。根据协整理论,如果两个(或两个以上)序列满足单整阶数相同,且它们之间存在协整关系,则所研究的变量之间就存在一种长期稳定的均衡关系,从而可以避免伪回归问题。本文采用 E-G 两步法对变量进行协整分析。首先,建立出口总值对 GDP 增长影响程度的回归模型(1),根据最小二乘法(OLS)可以定量确定 LnGDP、EX 两者之间的方程。得到协整方程如下:

$$\text{LnGDP} = \beta_0 + \beta_1 \times \text{EX} + E_t \tag{1}$$

$$\text{LnGDP} = 5.16 + 0.06 \times \text{EX} \qquad (2)$$
$$(110.89)(14.99)$$
$$R^2 = 0.95 \quad \text{DW} = 0.58$$

其中括号内的数为相应参数的 t 检验值(以下同),R^2 是可决系数,用于检验模型的拟合优度,DW 是杜宾-瓦森检验,检验一阶自相关。根据以上参数的 t 值 = 110.89、14.99>临界值 $t_{0.025}(13) = 2.16$,可知模型(2)回归方程解释能力较好。根据 $R^2 = 0.95$,可知模型(2)回归方程拟合优度较高。

其次,通过 ADF 检验来判断残差序列 E_t 的平稳性,进而判断变量之间是否存在协整关系。若变量序列存在协整关系,则模型估计式(1)的残差序列 E 应具有平稳性。所以对 E 做单位根检验,一个适当的检验式为:

$$\Delta E_t = -0.64 E_{t-1} + 0.48 \Delta E_{t-1} \qquad (3)$$
$$(-3.50) \quad (2.53)$$

查表容易得到 5%显著水平下,该协整检验的 ADF 临界值为 -1.97。显然这里的 E_{t-1} 的 t 检验值 -3.50 小于临界值,因此拒绝存在单位根的假设,表明残差项是稳定的。说明 LnGDP 与 EX 之间存在协整关系。

协整关系所对应的长期关系方程为式(2)所示,且具有明确的经济意义,表示安庆出口每增长 1%,名义 LnGDP 将增长 0.06%。同时说明安庆市 GDP 和出口之间存在长期稳定的关系。

4. 建立误差修正模型

根据格兰杰(Granger)定理,如果一组变量是协整的,则它们之间的短期非均衡关系总能由一个误差修正模型表述。误差修正模型将短期波动和长期均衡结合在一个模型中。在确定了安庆市出口贸易与经济增长长期的关系以后,我们可以估计它们之间的误差修正模型。我们用 e_{t-1} 作为误差修正项建立误差修正模型(4),其中,ΔLnGDP 表示对数的 GDP 和 ΔEX 的序列为差分序列。

$$\Delta\text{LnGDP}_t = 0.06 + 0.03 \times \Delta\text{EX}_t - 0.44 \times E_{t-1} \qquad (4)$$
$$(2.60) \quad (2.37) \quad (-3.07)$$
$$R^2 = 0.55 \quad \text{LM}(1) = 0.20 \quad \text{LM}(2) = 1.13$$

由 BG 检验法可得:$\text{LM}(2) = 1.13 < x^2,(2) = 5.99$,所以模型的残差序列不存在自相关。根据 $t = 2.60、2.37、|-3.07|>$临界值 $t_{0.025}(11) = 2.18$,得知各变量及误差修正项 E_{t-1} 的回归系数通过了显著性检验。E_{t-1} 的回归系数为负,符合反向修正机制。

5. Granger 因果检验

协整检验结果告诉我们变量之间是否存在长期的均衡关系,但是这种关系是否构成因果关系还需要进一步验证。Granger 因果关系检验可以解决此类问题。对各变量之间的因果关系进行 Granger 检验,根据赤池信息准则(AIC)确定各变量的滞后阶数为 2,本文对 LnGDP 和 EX 间因果关系的检验如表 4.3 所示。

表4.3　格兰杰非因果性检验

原假设	统计量	P 值	检验结果
LnGDP 不是 EX 的 Granger 原因	0.44	0.66	接受原假设
EX 不是 ln GDP 的 Granger 原因	5.27	0.03	拒绝原假设

检验值 $F=5.27>$ 临界值 $F_{0.05}(2,9)=3.18$，结果说明，在 95% 置信度下，出口是经济增长的原因。检验值 $F=0.44<$ 临界值 $F_{0.05}(2,9)=3.18$，说明经济增长不是出口的原因。可以说，安庆市的出口对经济增长有一定的促进作用。

二、结论与政策建议

从协整关系看，安庆市经济增长与出口之间存在协整关系，即两者存在长期的动态均衡关系。从格兰杰因果关系看，安庆市出口贸易引致经济增长，而经济增长并没有引致出口贸易增长，呈单向因果关系。基于以上分析，为确保安庆市经济可持续发展，建议加强以下几方面工作：

1. 创建良好的外贸环境

首先，我们应该重视出口对经济增长的带动作用，加快出口贸易对经济的带动作用，受 2008 年金融危机的影响，以出口为导向的企业面临巨大的挑战，许多出口型企业的生存和发展受到严重威胁，应通过各种措施缓解出口型企业的压力。其次，健全和推广安庆市的出口信贷保险，减少出口企业的风险，建立透明、诚信的信息发布机制，帮助企业做好出口安排。最后，合理处理资源、环境与发展经济的关系，推动经济持续发展。

2. 加大发展"三来一补"贸易

据海关统计，2009 年 1—4 月份，安庆市加工贸易出口 1317 万美元，增长 58.09%。安庆市是经济欠发达地区，技术、资金的缺乏阻碍着出口贸易的进一步发展壮大。但安庆市是拥有丰富劳动力资源的地区，发挥劳动力资源比较优势，扩大劳动密集型产品出口，发展"三来一补"贸易，即来料加工、来件装配、来样加工和中小型补偿贸易，是符合安庆市实际情况的。这种贸易方式具有投资小、风险低、见效快的特点，是落后地区发展贸易的理智选择。

3. 进一步优化出口退税、补贴政策

在当前外贸萎缩的情况下，通过退还或退还部分出口产品的国内已纳税款来平衡国内产品的税收负担，使本国产品以不含或少含税成本进入国际市场，与国外产品在同等条件下进行竞争，从而增强竞争能力，扩大出口创汇。引导企业加快调整出口商品结构，鼓励企业引进先进的设备、技术。对具有自主知识产权的高新技术产品出口企业、高新技术产品研发项目，给予补贴。

4. 做好承接产业转移工作

当前，我国沿海地区的部分产业开始向中西部地区转移，安庆位于中国中部地区,有着丰富的劳动力资源,安庆市应抢抓机遇,依托比较成本优势,做好东部沿海加工贸易企业转型升级的承接工作,与沿海知名企业联合发展外向型企业,如发展机电产品、服装、纺织等行业,培育出口新的增长点。

5. 继续推进出口市场多元化战略

2009年1—7月,安庆市主销市场(欧盟、日本、美国、韩国、东盟)出口额累计达13837万美元,占全市出口总额的59.03%;新兴市场约旦、巴基斯坦、东盟地区的马来西亚、新加坡、越南等国家出口增幅明显。出口市场相对集中,既增加贸易摩擦、贸易风险,又可能导致安庆出口商的利润降低和贸易量减少甚至会出现恶性竞争,安庆要大力开拓产品出口的国际市场,开发更多的新兴市场,如非洲、澳洲。

6. 做好广交会的组织参展工作与扩大出口商数量

充分利用广交会平台,结交客户,开拓国际市场。扩大出口商数量:一是做好对外贸易经营资格备案登记工作,鼓励、动员各类企业登记对外贸易经营资格,开展对外贸易;二是做好出口孵化促进工作,对全市不能自营出口的企业,针对不同的问题,采取不同的措施,实行一对一帮扶,为企业提供备案登记、报关、报检、结汇、制单、保险等外贸流程一条龙服务。

7. 充分发挥对外贸易的技术外溢效应

新经济增长理论认为,发展对外贸易,引进国际投资,通过学习效应技术外溢,可以使区域经济的技术水平、组织效率不断提高,从而提高综合要素生产率。通过进口,引进大量的先进技术和设备,使一些行业的产品更新换代,同时带动了相关产业的技术进步,使很多配套企业的产品竞争力提高,从而起到技术示范效应与扩散效应。在出口过程中,企业通过"干中学",模仿和改造国外先进技术,使产品的技术含量不断提高,使产品更能适合市场的需求,产品质量大幅提高,竞争力不断加强。借助国际投资,不仅带来资金,而且带来知识、技术和管理经验,通过联系效应、培训效应、示范效应和竞争效应产生技术溢出。

【参考文献】

[1] 李子奈,潘文卿.计量经济学[M].2版.北京:高等教育出版社,2005:366.

[2] 李泉,等.欠发达区域对外贸易与经济增长实证分析:以甘肃省为例[J].开发研究,2007(5):25-28.

[3] 聂红隆.江西省对外贸易对经济增长促进作用的实证分析[J].新余高专学报,2009(4):43-49.

[4] 魏林.安徽省出口贸易与经济增长关系的协整分析[J].黑龙江对外经贸,2009(5):13-15.

欧美"双反"背景下我国出口龙头企业尚德破产反思[①]

近 10 年来,新闻媒体对我国出口龙头企业尚德关注的比较多。但学术界对其研究很少,现有的研究成果多探讨其成功的方面,如周一明从纽交所总裁力促下尚德的成功上市纽约证券交易所、太阳能的"中国传奇"、成功的关键因素及未雨绸缪保证再扩张阐述了无锡尚德续写海外神话。[1]刘月超把尚德成功的关键因素归结为:首先,在于对市场的把握;其次,学会联盟;再次,成功的运营模式;最后,人才是重中之重。[2]赵先进把尚德成功的关键因素归结为:① 独特的政府支持模式;② 卓越的企业家精神;③ 一流的技术人才与强大的技术创新能力;④ 多途径的组织学习;⑤ 国内国际资源的有效整合。[3]花冯涛对无锡尚德成功的海外上市进行了分析。从技术层面上把其成功归结为:"百万电力"的过桥贷款的助力,得以收购国有股权,最终完成上市。透过表面观察从本质上把其成功归结为:① 选取合适的承销机构;② 公司在上市之前把一个原本拥有国有背景的民企变成具有国际规范的私有公司,完成股权重组,外资能够始终占有控股地位;③ 当地政府、行业政策等的帮助。[4]从尚德的不足或失败方面来研究难得一见,故撰本文,探讨尚德破产原因,总结其经验教训。

一、尚德的发展历程

中国光伏产业的龙头企业尚德电力诞生于 2001 年 9 月,初期启动的资金需要 800 万美元。无锡国联集团、小天鹅等几家大国企,每家一百万美元,到位资金大概五六百万的美金,尚德筹到了第一笔资金。尚德电力首条 10 兆瓦太阳电池生产线于 2002 年 9 月正式投产,其产能约为全国先前 4 年太阳电池产量之和,此举将中国跟国际光伏产业的差距缩短了整整 15 年,尚德电力于当年 12 月即开始盈利。尚德电力 15 兆瓦太阳电池线于 2003 年 12 月投入生产,此生产线为我国首条单晶硅太阳电池生产线。尚德电力 25 兆瓦电池线于 2004 年 8 月投入生产,至此尚德产能达到 50 兆瓦,成为世界上较大的硅太阳电池制造商之一。这一年开始酝酿让国有股东退出尚德,以便为尚德登陆资本市场做好准备。在无锡市委、市政府的支持和协调下,国有股东纷纷以几倍甚至十倍以上的回报退出,为尚德的私有化和上市铺平了道路。2005 年尚德电力成为第一家在美国主板上市的中国民营企业,融资达 4 亿美元,尚德电力首座 30 兆瓦太阳电池基地于 2005 年 12 月在我国洛阳正式投产。尚德电力产能于 2008 年 12 月达到 1 兆瓦,登上世界最大的晶硅组件制

[①] 本文原载于《安庆师范学院学报(社会科学版)》2014 年第 2 期,作者殷功利。

造商宝座。冥王星技术于2009年8月投入规模化生产,其多晶硅组件转换效率为15.6%,同年尚德获国家工商管理总局颁发"中国驰名商标"。然而2013年3月20日,深陷债务危机的无锡尚德太阳能电力有限公司被无锡市中级人民法院裁定实施破产重整。

二、尚德破产的原因分析

无锡尚德破产重整直接的导火索,是尚德5年前发行的5.4亿美元可转债到期。2013年3月15日,尚德电力发生5.4亿美元可转债实质性违约。截止2013年3月,尚德大约45亿元债务到期,除了上述可转债以外,还有大约10亿元的国内银行贷款。

尚德的破产与金融危机、盲目产能扩张引起的行业恶性价格战、欧美"双反"调查及自身决策失误有关。

(一)金融危机、盲目产能扩张的行业恶性价格战及欧美"双反"调查

遭受金融危机后,欧洲又陷入债务危机泥潭,欧美各太阳能光伏应用国家大幅下调政策补贴,导致对光伏产品的需求大大萎缩。与此同时,中国国内企业、政府和金融机构却相信光伏业前景依然一片大好。对光伏业的大力支持随处可见。很多地方把发展光伏产业列为当地"一号工程",我国有14个省市把光伏产业培育成新兴支柱产业。像江苏省6个地市提出要打造全国性的光伏产业基地,江西把光伏产业列入本省"三个千亿工程"之一。尚德等企业保持极速扩张,2009年初,国开行江苏分行和中行无锡分行共同向尚德提供了2亿美元的贷款。尚德的银行贷款从2005年末的0.56亿美元攀升至2011年底的17亿美元,暴增近30倍。2011年太阳电池组件按产量排名全球前五位中三位是中国的企业,前十位中六位是中国的企业。2012年中国大陆光伏电池产能占全球总产能的63%。光伏企业的发展完全不按照市场运行规律发展,看到产品热销,利润高涨就大张旗鼓纷纷上马低端产业生产线扩充产能,造成严重的供大于求(图4.1)。这样在需求大大萎缩、供给大幅提升夹击下,价格战愈演愈烈,不断有企业曝出让人惊诧的跳楼价。太阳电池组件的价格已经从2010年1.4美元/瓦,下跌到了2014年的70美分/瓦。2011年我国光伏产品出口额约358亿元,其中美国市场约15%,欧洲市场则达57%。而德国是欧洲市场中最大市场,其70%~80%的光伏组件产品出自中国。

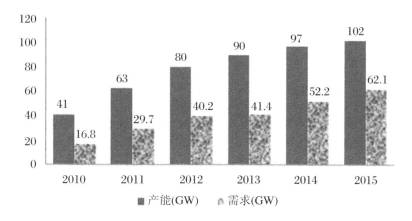

图 4.1 2010—2015 年全球太阳能电池产能和装机情况及预测

数据来源：产能数据来自欧盟能源研究中心（JRC），2011.9；需求数据来自于欧洲光伏工业协会（EPIA），2012.3。

而越来越低的中国光伏产品价格,让美欧等国家对中国展开了反倾销、反补贴调查。像尚德这样的中国光伏企业只能巨亏。在金融危机背景下,受欧美国家经济下滑、贸易保护主义抬头以及政客操弄等多种因素影响,欧美频繁对我国光伏产品实施"双反"调查,来保护其本国市场、促进产业复苏和保障就业。2011 年 10 月美国 SolarWorld 等 7 家光伏企业向美政府申请,要求美国商务部向从中国进口的太阳能电池板征收超过 100% 的关税。2011 年 11 月美商务部对中国输美太阳能电池(板)发起"双反"调查,这是美方首次针对中国清洁能源产品发起"双反"调查。2012 年 3 月美商务部做出对华太阳能电池产品反补贴调查初裁,认定中国涉案企业存在 2.9%～4.73% 不等补贴幅度,并追溯 90 天。2012 年 5 月美商务部公布初裁结果,裁定中国涉案企业适用 31.14%～249.96% 不等的临时反倾销税率,并将征税措施向前追溯 90 天。2012 年 10 月 10 日,美国商务部终裁中国向美国出口的光伏电池及组件存在补贴和倾销行为,对中国出口美国太阳能光伏电池征收 18.32%～249.96% 的反倾销税和 14.78%～15.97% 的反补贴税。出口美国市场份额占我国光伏产品出口的 20%,其对中国光伏产业造成的影响不太大,但它带给欧盟的示范效应却是可怕的。2012 年 7 月德国企业向欧盟提交申诉,要求对中国光伏产品进行反倾销调查。2012 年 9 月 6 日、11 月 8 日欧盟委员会分别发布对自中国进口的太阳能电池、其组件发起反倾销调查和对我国企业出口欧洲的光伏电池产品发起反补贴调查正式立案公告。按照欧盟的规定,立案后 2～9 个月时间内,在 37 天内我国光伏电池企业要把输送至欧洲的出口量、销售额、收入等产品信息提交欧盟及答复欧盟的调查问卷,欧盟委员会将做出初裁。[5,6]

（二）自身决策失误

尚德在经营决策过程中存在着失误。首失,面对多晶硅价格暴涨,尚德电力与

2006年与美国MEMC签订了固定价格的多晶硅十年期长单。根据该长单合同,尚德电力以80美元/千克采购多晶硅,当时市场的多晶硅零售价超过150美元/千克。然而,进入2008年10月后,多晶硅价格暴跌,到2011年底仅为35美元/千克。尚德电力不得不终止长单合同,并为此向MEMC公司赔付2.12亿美元。其次,2007年尚德电力投入3亿美元建非晶硅薄膜电池生产线,并在当年就达到400兆瓦的规模。由于2008年的金融危机导致晶硅及晶硅电池价格的急剧下跌,使处于发展初期的非晶硅薄膜电池没有竞争力。其实此基地也从未形成规模产能。尚德电力于2010年下半年正式停止了该基地的生产,由此造成的损失大约5000多万美元。此时,光伏组件出货与尚德创业之初比较下降了一半。两度判断失误令尚德遭遇巨大打击。再次,尚德电力另一个大投资——山西省长治3万吨多晶硅项目,投资额为110亿元,不被看好。尚德电力此前不去投资上游企业,在资金紧张再去投资,只会进一步增加资金链的压力,增加另一隐患。这样在市场的供需关系呈现出令生产企业担忧局面的情况下,尚德依旧以激进的方式大幅扩张其产能,一方面,公司资源被大量固定资产的投资占用;另一方面由于产能的快速扩大,在上游采购及下游订单方面,公司平衡、稳健发展的精力被进一步牵扯。

三、启示与对策

无锡尚德拥有良好技术及品牌,最终却走向破产重整。事实上,光伏产业市场和原料都被国外掌握,像尚德等企业组成的中国太阳能军团企图通过集体走一条急速扩张的路线来占领世界市场并化解两头在外的尴尬,结果只会是走不通。前车之鉴,后事之师。作为发展中的新能源行业中国光伏以尚德为鉴,前途依然光明。

尚德的倒下惊醒了中国政府、光伏产业和那些不掌握核心技术、缺乏市场主导权的企业,我们应该着力于:

(一)启动国内光伏应用市场

国内光伏市场启动缓慢原因在于光伏发电并网技术与标准路不统一,电网管理体制问题制约及财政政策支持力度不到位。通过下列措施解决并网技术与标准路不统一问题:① 加强光伏并网技术的研发力度,推进实施智能电网建设及建立微电网工程示范;② 组织电网公司、光伏并网与储能设备制造商、组件制造商、光伏电站安装商与运营商等利益相关者制定光伏并网环节的各项技术标准;③ 规划好项目及加强发电企业和电网企业间的沟通与协调;④ 完善监管服务工作。[7]此外,还要进一步完善太阳能光伏发电上网电价政策,对其进行财政补贴。这样就能加快开发国内的光伏应用市场,扩大国内需求,来降低我国光伏产业对出口的依赖度。

(二)实现出口市场的多元化

出口市场相对集中,一方面增加贸易摩擦、贸易风险,另一方面又可能导致我国出口商的利润下降及贸易量减少甚至出现恶性竞争。[8]当前在欧洲市场情况不容乐观、美国市场相对稳定的背景下,加大开发澳大利亚、印度、泰国、巴西、埃及、南非等新目标市场。像南非,由于电价昂贵,所以当地居民对小型独立家庭式太阳能发电的需求量很大。这样通过并重国内、欧美、新兴三个市场,坚持"多条腿"走路,实现风险分散。与此同时,满足不同国家的需求,研发适应不同国家的不同类型的产品,以便各国客商实现更为多样化的产品组合得以。

(三)加强自主创新

在研发投入方面,国际社会(2011年)的研发投入占GDP的比重、技术的对外依存度、科技成果对经济增长贡献率分别为2.5%、30%、70%,我国分别是1.49%、60%、39%。由这三项指标可知,在技术创新方面,与国际社会相比,我国差距依然很大。[9]因而,国家从财政上资助战略性科技研发,凭借国家的力量研发多元化光伏材料,以实现具有自主知识产权的光伏装备技术的攻克、转换率的提高及成本大幅降低。企业进一步重视研发平台的建设,加快技术研发和创新,通过自己的技术水平、科技水平、自主研发能力不断提高,核心竞争力提升,改变单纯比拼价格的竞争方式以减缓国际贸易压力,来形成自己独立的知识产权,进而在复杂的国际、国内竞争环境下获得优势。[10]

(四)加强产业集中性、改变光伏企业发展模式和运用对外直接投资战略

相关政府部门应当即时设立提高我国光伏行业的准入门槛,建立中国光伏产业标准体系,从而有效阻止大量低端企业盲目进入,避免恶性竞争。通过对产业转型引导、行业整合推进、落后产能淘汰来提高光伏产业集中度。改变光伏企业发展模式,以前完全依赖政策支持的发展模式是不健康的,许多企业不是从市场来做文章,而是盯着政策做产业,盯着国家的补贴去钻国家政策的空子,比如太阳能企业就是钻家电下乡政策的空子。现在应该回归到市场竞争上来,企业在发展过程中应该去拼搏做产品创新、做品牌影响力、做消费者普及教育。借助对外直接投资,规避反倾销。我国企业应积极实施"走出去"战略,在海外投资建厂,跟当地资本结合,生产和销售都在当地,这样能避免产品出口,能有效规避反倾销。

(五)积极应对美欧国家采取的"双反"措施和争取让欧美国家承认我国"市场经济"地位

在美欧国家对我国光伏企业实施"双反"措施后,我国表达了对欧盟贸易保护主义行为不满,中国商务部于2012年7月对原产于美国的进口太阳能级多晶硅进行"双反"立案调查,对原产于韩国的进口太阳能级多晶硅进行反倾销调查。中国商务部于2012年11月宣布即日起对原产于欧盟的太阳能级多晶硅进行反倾销和

反补贴立案调查。2012年11月5日商务部正式将欧盟光伏补贴歧视性措施诉诸WTO争端解决机制。此项措施将会有效地牵制欧盟对我国光伏"双反"的结果。但是实际上却没有采取更具体、更有力的措施,如像美国那样征收倾销税。对此,我国政府和光伏企业应着力于:一是要争取美欧内部光伏行业下游系统集成商及上游多晶硅厂家的支持;二是政府一定要召集国内相关企业对双反调查进行积极应对,充分利用国内各种资源与国外企业沟通协商,运用法律手段维护自己的合法权益。积极向美欧主管部门上诉或诉诸WTO争端解决机制;三是为防处于被动境地,我国光伏企业应该熟练掌握应对"双反"调查的程序。"双反"调查是一个较长期的过程,企业应制定适当的长期战略,调整采购渠道或自身的生产方式等;四是对欧美国家实行相应实质制裁,来缓解光伏产业遭遇"双反"调查的危局。

另外,利用我国的国际影响力,加大对外交涉力度,积极斡旋于其他国家之间,[11]向其他国家阐明我国目前市场经济发展状况,争取与世贸组织成员国达成多边或诸边协议获得他们对我国市场经济地位的认同,以减少摩擦。

【参考文献】

[1] 周一明.无锡尚德续写海外神话[J].上海经济,2006(1):32-35.
[2] 刘月超.新产业神话:无锡尚德[J].高技术与产业化,2007(2):18-20.
[3] 赵先进.无锡尚德国际化成长的成功因素分析[J].上海企业,2009(3):73-75.
[4] 花冯涛.中国企业海外上市模式研究:基于无锡尚德案例分析[J].战略管理,2012(3):18-20.
[5] 吉哲.欧盟"双反"调查对我国光伏产业的影响[J].时代经贸,2013(2):18-20.
[6] 胡延彦.浅谈如何应对美欧对华光伏"双反"调查[J].中国市场,2012(12):64-65.
[7] 张兴科.美国对华光伏企业的"双反"调查对我国的影响及对策[J].中国高新技术企业,2012(1):5-8.
[8] 殷功利.安庆市出口贸易与经济增长的实证分析[J].安庆师范学院学报(社会版),2010(2):32-34.
[9] 殷功利.中国贸易顺差研究:结构、效应与可持续性[D].江西财经大学,2012:166.
[10] 何青青."双反"调查背景下我国光伏产业发展的对策探讨[J].企业导报,2012(15):109-110.
[11] 许统生,殷功利.我国对外贸易顺差的国际比较、问题及对策[J].国际贸易,2012(8):11-16.

岳西翠兰参展策划书[①]

一、参赛宗旨与目标设定

(一)参赛宗旨

岳西翠兰是生长在大别山区的优质云雾茶。岳西自古就是"山峦起伏,云雾迷漫"之地。岳西翠兰是在地方名茶小兰花的传统制作工艺基础上创制而产生的茶种。岳西翠兰创制于20世纪80年代,1985年被国家农牧渔业部评为中国名茶,1991年获"七五"全国星火计划银质奖,1996年获农博会金奖。

中国是世界茶叶的发源地,也是世界上最大的茶叶生产国、消费国和出口国。随着国际农产品市场的进一步开放,我们希望能够将安徽的茶叶品牌推向更加国际化的舞台。对于此次参展我们设定以下的参展宗旨:

(1) 推广岳西翠兰,提高其在国际上的知名度,将岳西翠兰打造成国际大品牌。

(2) 集中展示具有增长潜力的特色产品,寻求有意合作的企业,共同为世界产业升级与引领国际茶文化努力。

(3) 收集竞争者产品价格或其他行销策略的信息。

(4) 开发新的区域代理与经销商,或寻找新的合作机会。

(5) 拓展国际市场占有率,提高产品销售价值,稳固企业形象,创造更多的利益。

(6) 向同类企业学习和交流,激发新的灵感,寻找创新机会。

(二)参展目标设定

对于这次参展,我们有以下目标:

(1) 提高岳西翠兰的知名度,并与世界各地品牌交流。

(2) 借此次展览会寻求潜在的代理商。

(3) 吸引至少500位顾客前来摊位参观与询问。

(4) 积极争取50位买主在展期或通过展后追踪确认下单。

(5) 提升销售业绩,在参展后1年内提升30%销售额。

[①] 本项目荣获第二届安徽省大学生国际贸易综合技能大赛一等奖,作者为Emperor团队,内容有删减。

(6) 提高岳西翠兰在国际市场上的占有率,并树立良好的企业形象。

二、产业与产品调查与分析

(一) 所处行业宏观环境分析

1. 行业发展现状

(1) 中国茶叶市场基本情况

改革开放以来,我国茶叶产业得到了迅速发展。截至 2012 年年底,我国茶园面积达到了 22800 平方千米,占全球茶园面积的 48.31%,居世界第一,茶叶总产量为 178.98 万吨,干毛茶产值为 953.6 亿元。中国国内 2012 年消费的茶叶总量为 130 万吨,人均消费约 1 千克。2011—2015 年,我国茶叶消费群体由 4.2 亿人增长至 4.71 亿人,增幅为 12%。截至 2015 年末,全国(18 个产茶省)茶园面积扩增至 4316 万亩,其中采摘面积 3387 万亩,投产率达 78.5%。茶叶总产量增加至 227.8 万吨,农业产值达到 1519.2 亿元。六大茶类普遍量价齐增,茶类结构进一步优化。在茶叶加盟和茶类消费结构方面,绿茶、乌龙茶等作为我国产量靠前的茶类,是茶叶市场主流消费产品,占销售总量的 50% 以上。红茶、黑茶、白茶等茶类也不断受到消费者的欢迎。

据资料显示,2003—2014 年间,中国茶叶出口金额从 3.7 亿美元增长到 10.4 亿美元,年均增长率达到 12.3%,远高于出口量 2.1% 的年均增长率。茶叶出口量继续保持在 30 万吨左右,出口金额上涨至 12 亿美元,出口单价超过 4000 美元/吨。这在一定程度上反映出中国茶叶的出口创汇能力在不断提高。根据资料显示,中国茶叶出口在各大洲所占的比例分别是:出口到非洲的中国茶叶占中国总出口茶叶的 46%;出口到亚洲的中国茶叶占中国总出口茶叶的 25%;出口到大洋洲的茶叶占中国总出口茶叶的 2%;出口到北美洲的茶叶占中国总出口茶叶的 10%;出口到南美洲的茶叶占总出口茶叶的 3%;出口到欧洲的茶叶占总出口茶叶的 10%。

(2) 安徽茶叶市场基本情况

① 茶园面积总量高,但近年来增长速度趋于平缓。早在 20 世纪 70 年代,安徽省茶园总面积已达 700 多平方千米,占当时全国茶园总面积的 11.2%。但是,从 20 世纪 90 年代开始,面对日趋激烈的国内茶叶竞争市场,以及自身存在的科技水平、主体素质不足等问题,茶园面积的增长速度明显开始变缓,面积总量虽逐年呈增长趋势,但是占全国的比重却逐年下降的(表 4.4)。总而言之,从茶园面积上来看,安徽省产茶大省的地位已然动摇。

表 4.4 安徽省茶园面积及所占全国比例表

年 份	安徽省茶园面积	
	数量(平方千米)	占全国比重(%)
2005	757.33	9.00
2006	784.00	8.70
2007	797.33	8.25
2008	1341.30	8.05
2009	1354.00	8.02
2010	1364.00	7.94
2011	1368.70	7.59
2012	1366.70	6.19
2013	1496.70	6.60
2014	1533.30	6.10

注:表中数据来源于《中国统计年鉴》和《安徽统计年鉴》。

② 茶叶产量与茶园面积类似,保持增长趋势,但速度缓慢。根据有关数据显示,1987年,安徽省茶叶产量突破5万吨大关,当时所占全国产量的比重为10%。由表4.5我们可以看出,直至2007年,安徽省茶叶产量才突破6万吨,经过近20年的发展,年产量才增长1万吨,增长速度缓慢。到2014年,安徽省茶叶产量首次突破10万吨,但是仅占全国总量的5.34%,与1987年的10%相比,占全国比重是下降的。

表 4.5 安徽省茶叶产量及所占全国比例表

年 份	安徽省茶叶产量	
	数量(吨)	占全国比重(%)
2005	55760	6.68
2006	59619	6.38
2007	68853	6.21
2008	71674	6.07
2009	73546	6.15
2010	76851	5.98
2011	83637	5.63
2012	87513	5.36
2013	95148	5.28
2014	101000	5.34

注:表中数据来源于《中国统计年鉴》和《安徽统计年鉴》。

③ 茶叶出口水平居全国前列。安徽省位于中国内陆中部地区,其得天独厚的自然条件,孕育了安徽省茶叶丰富的品种,有绿茶、红茶、有机茶、花茶,更有如黄山毛峰、祁门红茶、太平猴魁这样享誉盛名的茶叶品牌。多样且保质的品种使得安徽省茶叶产业在全国茶叶的出口贸易中一直处于名列前茅的地位。安徽省在2004—2013年的10年间,茶叶出口无论是在出口贸易额还是出口所占全国比重上都呈上升趋势,尤其是出口贸易的上升幅度明显,十分可观(表4.6)。

表4.6 全国及安徽省茶叶出口量汇总(2004—2013年)

年份	安徽省茶叶出口量(万吨)	中国茶叶出口量(万吨)	出口比重(%)	中国茶叶出口额(万美元)	安徽省茶叶出口额(万美元)	出口额比重(%)
2004	1.7	28	6.0	43685	2309	5.0
2005	1.8	28.7	6.2	48431	2980	6.1
2006	2	28.7	6.9	54692	3330	6.0
2007	2.1	29	7.2	60714	3451	5.6
2008	2.1	29.7	7.0	68266	3891	5.7
2009	2.5	30.3	8.2	70495	4957	7.0
2010	2.3	30.3	7.5	78412	5727	7.3
2011	2.9	30.7	8.1	96510	7956	8.2
2012	3.3	31.3	8.9	108953	10720	9.8
2013	3.4	32.6	10.4	125000	14400	11.5

注:表中数据来源于《中国统计年鉴》和《安徽统计年鉴》。

(3) 现状特点

① 饮料行业呈多样化发展趋势,茶饮料发展潜力巨大。饮料一般分为五大类:碳酸饮料、水、含乳饮料、茶饮料、果汁饮料。据资料显示,在我国目前的饮料市场中,包装饮用水约占40%,碳酸饮料占近30%,果汁与果汁饮料、茶饮料、功能饮料各占10%左右。中国饮料市场的主流品种和最有发展潜力的种类是:茶饮料、果汁和果汁饮料和功能饮料。按照销售总量,茶饮料在其中为第一,而功能饮料上涨的趋势最快。2009年我国饮料产品将向多样化发展,其中,传统碳酸饮料保持平稳,茶饮料继续走高,咖啡饮料有所发展。继碳酸饮料、水、含乳饮料后,近年来,茶饮料成为新宠,运动饮料也越来越受人们欢迎。一些新兴的复合型果汁饮料如生菜汁、西洋菜汁、蔬菜汁等,以及近来国外兴起的含维生素和矿物质、低聚糖等成分的"时髦饮品",正在营造健康饮料的新概念。各类产品互为补充、口味多种多样、包装形式各异、功能各具特色。总之,产品多样化已成为当今及未来饮料发展的一种趋势,茶饮料也在这种趋势中占据了一个重要的位置。

② 消费群体渐趋多元化。随着茶饮品的不断升级和多样化,中国茶饮品消费

人群正在持续扩展,除了广大女性消费者,越来越多的男性开始加入茶饮品消费者群体;消费者年龄层由原来的15~25岁为主,转变为逐渐向各年龄段人群渗透;主要消费群体由原来的以学生为主,开始向各种职业人群拓展,尤其是都市办公室一族。而随着节日礼盒装、家庭分享装等产品形态的推出,茶饮品也正在逐渐成为节日礼品及家庭日常消费品。消费者对品牌认知程度逐渐加强。国内茶饮品行业品牌集中度不断增加。出于对品质和口味的考虑,消费者在购买产品时,往往倾向于选择具有一定品牌知名度和认可度的产品。对商家来言,一旦产品拥有了一定的品牌效应,就能强化品牌在市场竞争中的地位。所以打造企业的品牌形象、强化其在消费者心中的独特品牌地位,是茶饮品企业开拓市场的重要手段之一。

③ 复合型饮品越来越受到大众喜爱。在新品开发方面,经历了多年的发展,单一口味的创新空间已经相当有限。未来饮品开发将聚焦于复合型饮品。复合型饮品将不同类型的饮品进行组合搭配,创造出新的饮品,不仅口味多变,而且营养丰富,容易开发出多样化的创新产品。

2. 茶行业本身存在的问题

(1) 主次不分。说到茶叶起源,几乎都会从"神农尝百草,日遇七十二毒,得茶而解之"说起。虽然这是人们常挂在嘴边的一句话,但很多人都忽略了这句话所传递的关于茶叶的核心价值——保健功效。实际上,茶叶从其最初被发现和利用至今,最主要是作为一种介于药品和普通食品之间的物质而存在,其各种保健功效已经和正在不断为现代科学研究所验证和揭示。茶叶产品的核心价值应该是健康的,而文化则是千百年来不断附着在其上的东西。但令人遗憾的是,目前中国茶行业普遍存在将"文化"摆在高于"健康"之上的现象,导致中国茶叶价格居高不下、过度包装和以文化之名故弄玄虚甚至坑蒙拐骗,而鲜有企业致力于通过普及和传播茶知识、告诉消费者如何通过合理品茶促进身体健康来扩大市场。

(2) 因循守旧。中国茶业是个传统产业。"传统"一词,表明中国茶叶历史悠久,但这不应成为因循守旧的代名词。中国茶业在产品形态、消费方式、营销理念、销售渠道等多方面的创新性都显得不足。虽然一直说有创新,但是一直很少有企业在此方面做出一些实质性的突破,因此整个行业在产业革新方面还有一定的欠缺。

(3) 行业缺乏严格规范的管理制度。很大一部分市场缺乏规范的管理制度,尤其是市场准入、商品质量安全管理、经销商台账、索证索票、消费者投诉等制度都没有很好地建立,因此也就无法建立产品的可追溯体系,一旦发现质量问题,市场无法召回产品和追究相关人员的责任。造成这种情况的主要原因在于茶叶市场对茶叶质量安全管理体系贯彻力度不够。当然,也有一些外在因素,如市场商户素质参差不齐等。

(4) 管理不一致。自从1984年茶叶放开经营后,我国大多数茶园已经承包给农户,茶叶生产是以家庭为单位。在印度、肯尼亚、斯里兰卡,大多以大型农场为主,实行企业化的管理和经营。日本和我国一样,茶园的所有权也归农户所有,但是他们建立了十分完善的社会化服务组织,并且组建合作社,实现合作生产,也较好解决了茶叶生产分散的问题。我国在把茶园承包给农户后,并没有建立与之相适应的社会化服务组织,农民是一家一户独立生产,没有形成联合,由于管理的不一致,导致茶叶生产和经营过度分散。

3. 行业发展趋势

(1) 消费者对健康饮料消费的要求越来越高。从饮料行业的发展历史看,先是碳酸饮料兴起,后来是果汁饮料,再后来是茶饮料和矿泉水饮料,最后是氨基酸运动饮料和植物蛋白饮料。茶饮料和咖啡的兴起,对中国茶市场提出了新的要求。

(2) 小品类特色饮料发展空间巨大。从整个饮料发展的趋势来看,中国饮料未来的发展将小规模化,主要是因为消费者从追求温饱型消费向追求质量型消费过渡,尤其对于城市的消费人群来说,小而美的产品越来越多地赢得了他们的关注。以 500 mL 规格为上限,目前市场上新推出的产品规格大多数在 500 mL 以下,满足越来越多的高质量消费者,这样也更容易表现品牌的品质和价值。以"小茗同学"为例,它的规格、包装、理念、传播方式都以年轻人喜欢的形式为主,迎合了"90 后""00 后""10 后"的喜好——个性、有趣,牢牢抓住年轻人这一饮料消费主力军,开拓了饮料市场新格局。品牌年轻化、时尚化、特色化已成为发展趋势,茶产品要想跟紧市场步伐,就必须不断顺应市场的发展需求。

(3) 高端高价化趋势越来越明显。2016 年到 2020 年是中国食品饮料行业的重构年,是中国食品饮料产业从老主流向新主流过渡时期,主流消费者从过去的"70 后""80 后"换挡到"90 后""00 后""10 后"。面对变化了的消费人群,市场就对厂家和商家提出了不断更新营销思路的新要求。例如,当其他饮料都是大着胆子尝试 4~5 元区间的新品时,"唯他可可"一出手就是 145 元 12 瓶,合下来每瓶单价超过了 12 元。其天然椰子水可以在人体处于高强度缺水的状态下,快速为身体补充水分和电解质,让身体恢复因大量流汗而流失的水分,超高钾含量比市面上大多数运动饮料补水效果更好且更健康。虽然说国内消费者具体买不买账,对于这个 2004 年诞生于美国、刚刚进入中国市场的品牌,现在下结论还为时尚早,但从中对于向高端高价发展的饮料行业即可窥一斑而见全豹。

(二) 参展产品简介

1. 岳西翠兰简介

岳西翠兰是生长在大别山区的优质云雾茶,产于皖西大别山腹地岳西县。该地原属陆羽《茶经》所载盛产茶叶的寿州和舒州,土壤肥沃,气候温和,雨量充沛,昼夜温差大。茶园大多分布在海拔 600~800 米的深山峡谷之中,百花溢香,云雾弥漫。岳西翠兰是在地方名茶小兰花的传统制作工艺基础上创制的。它的制作过程,由谷雨前后选采一芽一叶或一芽二叶为标准叶,用竹帚翻炒杀青,继而手工炒制,后经炭火烘焙而成。其产地岳西县,先后被授予名优茶生产基地县、无公害茶生产示范县、茶叶清洁化生产控制研究实施县等称号。岳西翠兰,于1985年获农业部"优质农产品"称号,被评为新中国首批新创"十大名茶"之一。此后,两度获得中国国际(芜湖)茶博会金奖,1991年获"七五"全国星火计划银质奖,1996年获农博会金奖,2010年至2012年四度成为国宾礼茶,2011年成为全国"两会"专用茶,2013年4月在北京第三届中茶博览会荣获评比金奖。

2. 等级分类及感官特色

岳西翠兰的等级分类及感官特色见表4.7。

表4.7 岳西翠兰等级特色分类

级别	外形	内质			
		汤色	香气	滋味	叶底
特级	一芽二叶,芽头壮硕,两头稍尖,色泽翠绿,苗锋显露	嫩绿明亮	清香持久	鲜醇回甘	嫩绿、明亮、匀壮
一级	芽叶相连,紧直挺秀,色泽翠绿,鲜活	绿亮	清香较持久	鲜醇	嫩绿、明亮
二级	芽叶相连,舒展成朵,色泽翠绿	浅绿明亮	清香	较鲜醇	绿亮

3. 产地环境

岳西县,自然生态环境优越,县域地貌以中低山为主体,境内千米以上高峰236座,森林覆盖率74%,为大别山区唯一纯山区县,国家生态示范县。气候温凉,光照充足,雨量充沛,年均降水1425毫米,日照率47%,≥10 ℃的年有效积温4477.7 ℃,空气相对湿度77%。土壤呈弱酸性,深厚肥沃,有机质含量高。远离工业污染,空气清新,水质洁净,非常适合名优茶生产。岳西县茶园一般在高海拔的坡地幽谷之中,茶园生态环境得天独厚,周围山峦起伏,云雾迷漫,泉水长流,气候温和,日照短,昼夜温差大,雨水多,产出的茶叶芽叶肥壮,幽香四溢,鲜嫩碧绿,形成了岳西翠兰的优异品质。

4. 作用特点

作用:岳西翠兰具有生津止渴、提神醒脑、明目、清热、利尿、消积、解毒之功效。

特点:岳西翠兰一芽两叶,芽叶相连,自然舒展,形似兰花,色泽翠绿,质地鲜嫩,香气扑鼻,毫芒显露。经开水冲泡后,嫩香持久,滋味醇浓鲜爽,汤色浅绿明亮,叶底绿鲜滋润。品质特点突出在"三绿",即干茶翠绿,汤色碧绿,叶底嫩绿。外形芽叶相连,自然舒展成朵形,色泽翠绿鲜活。内质清香高长,醇爽回甘,有花香味,叶底嫩匀成朵。氨基酸含量高,大别山生态环境优良,茶园远离工业污染。

国家农牧渔业部和中国茶叶学会联合召开的全国新名茶评展会审评组专家给出评语:岳西翠兰芽叶相连,舒展,色翠绿,显毫;香高清鲜;滋味浓鲜;汤色绿,明亮;叶底嫩匀,色绿明亮。综合评价:内质优异,风格独特,实为中国名茶中的精品。

5. 具体产品介绍

岳西翠兰具体产品介绍见图4.2。

级别:特级产品
规格:散装
统一零售价:532元/500克

级别:一级产品
规格:散装
统一零售价:425元/500克

级别:二级产品
规格:散装
统一零售价:275元/500克

级别:特级产品(礼盒装)
净含量:400克
规格:200克/罐×2
统一零售价:600元/盒

级别:一级产品(礼盒装)
净含量:250克
规格:125克/罐×2
统一零售价:325元/盒

级别:二级礼盒(礼盒装)
净含量:400克
规格:100克/罐×4
统一零售价:300元/盒

图4.2 岳西翠兰具体产品介绍

(三) 岳西翠兰产品出口竞争力 SWOT 分析以及对策探讨

1. 岳西翠兰产品出口竞争力 SWOT 分析

(1) 优势(strength)

优越的自然条件。岳西翠兰产自中国安徽省安庆市岳西县。岳西县先后被授予名优茶生产基地县、无公害茶生产示范县、茶叶清洁化生产控制研究实施县等称号。县域地貌以中低山为主体,境内千米以上高峰 236 座,森林覆盖率 74%,为大别山区唯一纯山区县,国家生态示范县。岳西县气候温凉,光照充足,雨量充沛,土壤呈弱酸性,深厚肥沃,有机质含量高。远离工业污染,空气清新,水质洁净,非常适合名优茶生产。岳西县茶园一般生长在高海拔的坡地幽谷之中,茶园生态环境得天独厚,周围山峦起伏,云雾迷漫,泉水长流,气候温和,日照短,昼夜温差大,雨水多,产出的茶叶芽叶肥壮,幽香四溢,鲜嫩碧绿,形成了岳西翠兰的优异品质。

劳动力资源丰富。岳西翠兰产地劳动力资源丰富,适合发展劳动密集型茶叶生产,并能够解决农村剩余劳动力的就业问题,增加农民收入。岳西县有自己的茶叶市场和茶叶公司,当地公司有完善的销售渠道,当地茶叶市场及营销体系也都具有一定规模。同时悠久而深远的产茶历史更为其提供了丰富而有效的经验,进一步保证了茶叶的质量。

(2) 劣势(weakness)

卫生质量令人担忧。在我国加入世界贸易组织之后,随着人们生活水平的不断提高,茶叶卫生质量越来越受到人们的重视与关注。但很多类似岳西翠兰的国产茶叶受传统种植方式的影响,茶叶中的农药、除草剂、重金属残留等问题较为突出,特别是农残超标现象比较严重,很难达到许多出口地区的标准,严重影响了包括岳西翠兰在内的中国茶叶的对外出口。这一方面会对岳西翠兰本身品牌形象的树立具有明显的阻碍,另一方面会造成消费者对整个茶叶市场的信任危机。

企业经营规模小,无品牌优势。岳西县的茶叶生产、加工以及出口企业多数处于"散兵游勇"状态,茶树种植生产多以农户为主,茶业经营缺乏龙头企业与知名品牌。加工企业由于规模小、投入少,导致设备落后,技术水平低,产品质量不稳定,出口茶叶只能以原料茶为主,产品附加值低,利润空间少,竞争力弱,也难以形成自己的品牌优势。

(3) 机会(opportunity)

绿色消费潮流的兴起,茶叶需求增大。近年来,以"健康、绿色、生命"为主题的消费潮流兴起,绿色食品、有机食品等逐渐成为当前食品消费的热点。岳西翠兰属绿茶类特种烘青茶,这种纯天然、无公害、有机的绿茶正合乎现代人的消费理念,因此,绿色消费潮流的兴起,正是岳西翠兰推广的一大机遇。

贸易成本的降低。我国加入世界贸易组织已逾二十年,目前,绿茶进口关税减让幅度较大,这就必将意味着其出口成本和销售价格的下降,这对茶叶消费的增长也是一个巨大的机遇。

(4) 威胁(threat)

跨国企业进入市场竞争。国际知名品牌凭借其雄厚的资金、技术、人才实力以及先进的营销管理方式、制度、经验、市场开拓能力,可以不断地扩展市场的占有率。相比之下,岳西翠兰还不是一个能够叫得响的品牌,又缺少规模、资金、技术以及先进的管理方式等方面的支持。强大品牌和跨国公司对我们茶叶的市场拓展产生了极大的影响。

饮料新趋势对传统茶叶市场的冲击。目前茶叶市场中,袋泡茶、速溶茶、纯茶饮料、调味茶等新品种方兴未艾。茶饮料的稳步发展对传统的茶叶市场必定是长期冲击。还有碳酸饮料、果蔬汁饮料、乳饮品的发展也十分迅速,碳酸饮料以及乳饮品的市场渗透率高居不下,果蔬汁饮料的市场渗透率也在不断攀升。另外一个很重要的方面,传统的饮茶方式越来越不适应当代人们的快节奏生活方式,对于很多人来说,静静地坐着品一杯茶已成为奢望,所以传统茶饮品替代品消费的上升,势必会影响到包括岳西翠兰在内的传统茶叶市场。综合来看,茶饮料替代品销售的增加以及传统茶饮品的缺陷,都在相当程度上影响到了传统茶饮品的销售。

其他茶区茶叶的热销。岳西翠兰在国际市场上竞争一部分来自于一些国际品牌的压制,更重要的是其他茶区茶叶的销售增加对其发展也带来巨大的挑战。安徽省内的就有黄山毛峰、太平猴魁、祁门红茶、六安瓜片等,省外的也不乏云南普洱、西湖龙井、碧螺春等全国名茶等对市场份额的强势占有。而且,岳西翠兰在口味与口感上与其他很多茶叶也不尽相同,就普洱茶来说,两者在滋味、香气等方面有着较大的差别,岳西翠兰作为绿茶,其口感自然就是"清",比较爽口,普洱口感就是"浓",比较醇厚,消费者一旦接受并熟悉了普洱茶的滋味就很难再接受绿茶的口感。因此,许多国内茶区茶叶的热销对岳西翠兰的出口竞争也存在重要的影响。

2. 对策探讨

(1) SO优势增强层面:

① 立"翠兰精神",扩展其内涵与外延。

② 把握宣传导向,有效提升名茶品牌。

③ 把握宏观趋势,做大做强实业,通过开辟销售网络等渠道提高岳西翠兰的知名度以及销量。

④ 树立诚信形象,强化社会责任,实现企业经济效益与社会效益、生态效益的同步发展。

(2) WT劣势弱化层面:

① 加强绿茶知名品牌培育,增强龙头企业竞争力,将我省建成全球绿茶生产、加工、出口集散中心。

② 加强基础条件和信息系统建设,把我省建设成全球绿茶贸易中心。

③ 加强茶业科技投入,使岳西翠兰系列产品向深层次发展。

④ 促进绿茶文化的挖掘,将我省建设成全球绿茶经济文化中心。

三、营销策略规划

(一) 展前营销策略

1. 展销会简介

本次展销会为中国进出口商品交易会(简称广交会),广交会创办 50 年来,逐渐由中国最大的实物商品交易会,成长为世界较大规模的实物商品交易会之一。本次广交会会场设在广州琶洲国际会展中心,是目前亚洲较大的会展中心,其地理位置优越,交通便利。广交会的举办对中国与国际市场接轨具有重要的意义。

2. 展销前调研与分析

为了本次展销活动的顺利进行,本团队通过市场调研得出以下结论:

(1) 饮茶群体不断扩张,不同年龄段的人群受到茶文化的熏陶。

(2) 当前茶市场的茶种类繁多,品牌众多,但是茶市场的特色不鲜明,茶市场品牌文化不精。

(3) 茶功能和效用突出,饮茶群体对养生观念增强,更注重饮茶对身体健康的影响。

通过在调研中我们发现当前茶产品的主要问题,本团队致力于发展特色茶产品,满足多种人群的饮茶需求,并在展销中向商家提出相关合理建议:

(1) 努力将岳西翠兰打造成中国特色名茶,地方特色茶文化代表,满足大众不同阶层消费者的需求,提高特色茶产品的市场占有率,树立品牌形象。

(2) 开拓国内外市场,推进岳西翠兰的走出去战略,将岳西翠兰的茶文化继承并传扬。

(3) 提高销量,使产品多元化发展,达到两年内增加 10%～20% 的销售额的目标。

3. 展前大众媒体营销宣传

(1) 新闻和电视广告

邀请安徽省各大电视媒体进行实时报道展销会的状况,将岳西翠兰打造成地方特色知名产品,并极力将岳西翠兰相关的茶文化、茶工艺等相关的地方特色推向世界。

邀请媒体为公司拍摄宣传片,内容上强调岳西翠兰品质特色和传统茶文化工艺文化,以岳西翠兰作为"安徽省十大名茶"走出国门,成功走上世界的舞台为宣传要点,扩大岳西翠兰的知名度。

(2) 网站和微信平台

在展会举办方网站、中国茶叶协会、中茶网以及国外茶叶交易网发布悬浮广告或弹出式广告。

在中国茶叶、中国茶叶学会和中国茶叶流通协会的微信平台上大力宣传岳西翠兰相关茶文化、茶工艺。

(3) 举办茶文化节和茶博会

每年举办一次茶文化节,邀请各大茶叶产地的行业带头人以及行业知名公司负责人,对茶叶这一中国的传统特色产品不断宣扬,让岳西翠兰作为中国的地方特色茶叶更好地走出去。

每年全国有很多地区会举行茶博会,我们要有所创新,换一种方式来举办一个更具吸引力的茶博会,利用茶博会赢得更大的市场份额。

4. 展销会活动规划

① 产品的现场展示。现场参展人员在解说的过程中配以相关音频视频,对产品进行宣传,使参观者对我们的产品有所了解。采取新颖的方式(如舞蹈、音乐、茶艺表演、沙画等)引起参观者的兴趣,同时,增加与参观者的互动,并为参观者提供试饮,让参观者切身体会产品的优良品质,从而激发其购买欲望。

② 广告宣传。有针对性地运用广告媒体,利用电视、广播、报纸、杂志、网络等方式,推广企业产品和文化。

③ 电商平台的运用。与阿里巴巴、天猫、京东商城等大型电子商务平台开展战略合作,积极开拓跨境电子商务业务。

④ 营销活动定位。目标市场:国内外茶叶经销商。产品定位:质量第一,特色文化。营销对象:国外茶叶经销商。营销活动时间:2017年5月1—6日。地点:广交会展馆。

企业定位与产品价值见表4.8。

表4.8 企业定位与产品价值

企业定位	以绿色有机茶叶为核心,打造健康、养生、多元、特色茶产业,树立特色茶产品,不断地进行技术创新和茶文化创新,承担社会责任
产品价值	突破传统工艺,利用现代制作工序对茶叶进行深加工,降低产品价格突破对原有的一些工序的依赖,注重品牌质量及品牌特色发展

(二)展中营销策略

1. "4P"营销策略规划

在今天的市场营销中,以往的经验营销已经远远不能满足日新月异的市场变化。因此,系统化的理论指导就显得尤为重要。杰罗姆·麦卡锡于1960年在其《基础营销》一书中第一次将企业的营销要素归结四个基本策略的组合,即著名的"4P"理论。1967年,菲利普·科特勒在其畅销书《营销管理:分析、规划与控制》中进一步确认了以"4P"为核心的营销组合方法。

(1) 产品(product)

岳西翠兰具有生津止渴、提神醒脑、明目、清热、利尿、消积、解毒之功效。具有悠久的历史和鲜明地域特色,精湛的制茶工艺以及悠久的茶文化。

岳西翠兰的产品类型多样,包括特级茶叶、一级茶叶、二级茶叶,口感香醇,品质特点突出在"三绿",即干茶翠绿、汤色碧绿、叶底嫩绿、外形上芽叶相连,自然舒展成朵形,色泽翠绿鲜活。内质上清香高长,醇爽回甘,有花香味,叶底嫩匀成朵。氨基酸含量高,大别山生态环境优良,茶园远离工业污染。

不断改进岳西翠兰的加工工艺、不断地更新产品,满足产品的多元化,提高岳西翠兰在当前茶市场的地位,适应不同市场不同消费群体对茶产品的需求。

针对茶类、质级以及消费群体的特点、传统等进行设计岳西翠兰包装,衬托出茶叶产品的特征与特色,吸引大众。

(2) 价格(price)

针对当前市场茶文化的发展趋势,岳西翠兰为满足不同人群的需求,并采取差异定价的方法进入各个市场。

针对制茶的生产环节,引进新技术,增添新设备,从而降低产本,但是保持传统老制茶工艺不变。

进行折扣定价策略,提高顾客的回购率以及产品的服务评分,树立品牌形象。

(3) 渠道(place)

销售渠道的建立原则是为客户提供方便快捷的服务。为了保证产品品质且打破特色食品的地域性,特采用鼓励线上帮助个人(尤其是大学生)设立网店进行拓宽分销渠道进行在线销售、网上零售、网上拍卖、网上配送、线下门店自提等形式进行分销岳西翠兰。线下连锁加盟经营模式,采用统一服饰、统一标牌的加盟店等分销渠道。

建立发展新销售渠道,利用互联网资源,对销售渠道不断地创新,结合大数据时代平台,进行垂直网络营销,将各茶叶经销商通过数据平台加强紧密合作关系。

(4) 促销(promotion)

利用折扣返还的方法来吸引经销商,订单数量越大,折扣越多。例如,购买十盒特级礼盒返券 200 元等。

在会场外张贴本公司的宣传语和会场内的展台位置及路线图,并安排接待人员随时准备将潜在顾客带进岳西翠兰的参展区参观。

我参展区入口处安排人员向来往参观者分发公司宣传册。方便过往行人、商家了解岳西翠兰的口感、品质、制作工艺。

采取会员制,对于会员给予一定的优惠。对于老客户和重要客户,公司将给予一定的优惠措施,以此巩固自己的客户群体。

注重对销售团队的培养,销售人员应该对岳西翠兰的品质、口感、制作工艺、历史文化等方面有更为深刻的了解,提高团队的服务素质。

2. 展位设计布置规则

展位布置规则见图 4.3。

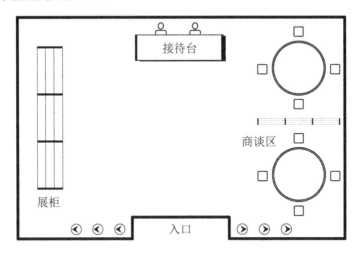

图 4.3 展台设计示意图

摊位设计布局要足够开阔,显示出大气。展品摆放开阔但不能过于稀疏。

参展作品需要灯光效果加以映衬。因此,摆放时综合环境的灯光效果将展品以冷暖色调划分不同区域。

开阔的展台方便工作人员有序的工作,尽量避免人员的调动,提高服务效率。

将展品宣传册放在离入口近的地方,便于参观人员领取。

展区设置商谈区,为对岳西翠兰感兴趣的经销商在现场商谈提供服务,从而对产品进行进一步的介绍和洽谈。

(2) 展台设计功能

参观者可自由进入,随意观看;有选择性地向有意图客户发放资料与名片,包括前来索要的行业客户。对于认真参观的客户,要进行具体介绍;充分将展品魅力展现在参观者面前,也要便于参观者与之接触。

3. 展中人员安排

(1) 人员安排

迎宾(2 人):负责接待经销商进入展区,派发活动宣传彩页,向参会人员告知本公司展位及产品,负责产品的简单介绍,让客户了解公司的产品和服务的范围。

产品介绍员(2 人):派发产品说明书,负责品牌和产品的展示、讲解及整体营销策略的介绍,将有合作意向的经销商介绍给谈判员。

谈判员(3 人):重点讲解招商政策,负责大客户及重点经销商的深入沟通,统筹并调整招商策略。

(2) 注意事项

专注于潜在客户,在展会后的4~5天内与潜在客户面谈或打电话接洽。

展会期间,每天工作结束时和员工开会,收集整理潜在客户的联系方式,并立刻跟踪服务,确保当客户回到他们的办公室时,已经有公司产品的一份样品已在他们的面前了。

(3) 展会纪律

不要坐着。展览会期间坐在展位上,给人留下你不想被人打扰的印象。

不要看书。通常你只有2~3秒钟的时间引起对方的注意。吸引他停下来,如果你在看报纸或杂志,是不会引起人注意的。

不要在展会上吃喝。那样会显得粗俗、邋遢和对展会漠不关心,而且你吃东西时潜在顾客不会打扰你。

不要打电话。每多用一分钟打电话,就会同潜在顾客少谈一分钟。

不要见人就发资料。这种粗鲁的做法或许会令人讨厌,而且费用不菲,更何况你也不想将成本很高的宣传资料交给不需要它的人。

不要与其他展位的人交谈。如果你不想让参观者在你的展位前停下来,他们自然会走开。看到你在和别人说话,他们不会前来打扰你。尽量少和参展同伴或临近展位的员工交谈。你应该找潜在顾客谈,而不是与你的朋友聊天。

不要以貌取人。展览会上唯一要注重仪表的是参展单位的工作人员,顾客都会按自己的意愿尽量穿着随便些,如牛仔裤、运动衫、休闲裤,什么样的都有。所以,不要因为顾客穿着随意就低眼看人。

不要聚群。如果你与两个或更多参展伙伴或其他非潜在顾客一起谈论,那就是聚群。在参观者眼中,走近一群陌生人中总令人心里发虚。在你的展位上创造一个温馨、开放、吸引人的氛围。

要满腔热情。表现得热情,就会变得热情,反之亦然。如果你一副不耐烦的样子,就容易讨人嫌。热情洋溢的你,十分有感染力,要热情地宣传自己的企业和产品。在参观者看来,你就代表着你的企业。你的言行举止和神情都会对参观者认识你的企业产生极大的影响。

要善用潜在顾客的名字。人们都喜欢别人喊自己的名字。努力记住潜在顾客的名字,在谈话中不时提到,会让他感到自己很重要。

(4) 展会注意事项补充

选择合理的位置增设咨询台,为观众和展商解答应急问题。

会刊及时有效发放,但最好看一下他们的名片,只发给行业相关人士。

业务人员应该协助客户安排吊装、物流等工作,展会举行时,应适时地与自己的客户交谈,了解展览效果。

4. 访客接待策略规划

每位工作人员事先应接受英语、国际礼仪与沟通技巧训练,通过训练的工作人员方能派驻摊位服务访客。

摊位应常驻 2~4 人以掌握现场状况,服务参访厂商;非值班人员则可在现场拜访其他厂商,以增加观摩机会。

参访厂商到访参观时,可先主动与对方交换名片,并进行商品介绍;如果客户对我们的产品不感兴趣,我们也会赠送产品宣传册与名片,以便未来合作联系;我们的接待人员会将对我们感兴趣的厂商的聊天内容记录下来,并留下客户的资料,以备后续的追踪,为他们提供更加满意的服务。

如果厂商对我们的产品感兴趣,询问我们的报价,我们现场会做一个非固定报价,等到后续洽谈签订单时,我们会详细地拟定一份报价单。

针对重要客户可以事先掌握来访行程,可以为其提供住房预订服务,并且派公司的工作人员到客户入住的酒店致以访问,并提供接送参观展览会的服务。

积极主动地与客户交流是赢得参观者信赖的最好方法。在分发宣传材料时应面带微笑,不要戴有色眼镜看人,无论什么样的参观者,只要有兴趣了解展品都应耐心介绍。对有意愿进一步了解的参观者送出精心准备的礼物。

5. 报价议价规则

岳西翠兰的出口价格考量的项目有:销售成本、营业费用(包括包装费、运费、装卸费、检验费、水电费、银行费用、报关费、商港服务费、推广贸易服务费等)、预期利润等。

为求报价简便,且能使得会展可以顺利有序地进行,本公司在会场仅以 FOB、CFR 及 CIF 三项常见的贸易术语作为报价条件。我们报价以 FOB 为基础,CFR 及 CIF 的报价按照以下的公式换算:

FOB 价格＝进货成本价＋国内费用＋净利润

CFR 价格＝FOB 价格＋国外费用

CIF 价格＝FOB 价格＋国外费用＋国外保险费

CIF 价格＝(FOB 价格＋国外运费)/{1－(1＋保险加成率)×保险费率}

由于进口市场情形、交易数量、供求关系、买方信用、付款条件及交易手续繁简等因素将决定预期利润率的高低,由于茶叶文化市场多为买方市场,毛利率一般不高,为了在销售中占有先机,销售人员须在报价环节掌握报价要领。可参考以下几点:

报价时神色自然亲切,语气肯定自信,最好采用有诚意书面报价方式。

报价金额应预留议价空间,保留公司基本利润。

报价后,洞察对方的反映,不要轻易降价。

议价时,要求客户出价,找出差距,采取相应措施。

报价议价的次数不应超过三次,落价比率应越来越小。

降价的同时可以立即提出签约或预付货款等有利于交易完成的要求,此时容易被客户认同接受。

倘若客户不接受报价,应尽可能与买主议价,增加与客户议价的优势,倘若客

户不接受本公司的报价,处理步骤如下:

第一步,先努力说服客户接受原报价,不做让步,要求客户订单达到一定的数量,则愿意考虑降低价格。

第二步,若客户仍不愿意接受,应尽可能缩减公司业务费用的开支,以达到降价的目的。

第三步,若买主依然不愿意接受,则应将尽可能降低利润,以满足客户的降价需求。

(三)展后营销策略

1. 售后服务

对于售后服务,公司应本着礼尚往来的原则、承诺与惯性原则、社会认同原则、使用者的证言以及喜爱原则,尽力做到让客户满意。售后服务内容根据产品销售的渠道不同可以分为:

对于展销的产品:向客户做详细的产品介绍和展示,根据消费者的要求,提供令他们满意的特制产品。

对网络营销的产品:微笑服务,接受客户的咨询,保证货到付款,提供优质的物流配送,做到门对门服务,积极处理整个物流配送过程中出现的问题,做到让客户买得放心、安心、开心。

对于那些在销售过程中,难以解决的问题,也该积极热情地为客户提供帮助,替客户排忧解难。

2. 客户反馈

健全我公司售后服务体系,优化售后服务质量,如:客服电话咨询、网络咨询、面对面咨询。

对客户在咨询过程中所反馈的信息做详细的记录、归类,定期系统处理、分析。

当购买量达到一定的数值时,公司可以通过发送一份感谢函的方式来提高客户的满意度并以此保持与客户的联系。

通过建立影响力中心、举办有关产品的研讨会,邀请新老客户参加,达到联络老客户,发掘潜在新客户的目标。

3. 展后总结

展会结束后将收集到的客户名片收集或录入电脑。将所搜集到的展会资源分类整理并存入公司档案室。这样做的好处,一方面有助业务员和企业管理者理清资源。另一方面保护了公司客户资料的安全。针对此次展销进行一次全面的总结,找出成功与不足,加以改正。

四、财务规划

(一) 参展财务预算

为了更好地对岳西翠兰进行营销,团队决定参加了广交会。广交会期间对每项费用与支出精打细算,力求以最少的支出得到最大的回报,制作出财务规划表(表4.9、表4.10、表4.11)。

表4.9 参展财务预算表

	项 目	数量	单价(元)	总额(元)
展厅布置费用	展厅租赁	1个	800元	800元
	桌椅	1套	200元	200元
	茶具	1套	200元	200元
	盆栽	1盆	80元	80元
	摊位引导牌	1个	50元	50元
	宣传单页	200张	0.5元	100元
	茶水	/	300元	300元
	彩绘海报	2张	100元	200元
				1930元
后勤费用	住宿费	150/3人	6人	300元
	餐饮费	50/人	6人	300元
	服装费	50/人	6人	300元
	交通费	20/人	6人	120元
	培训费	50/人	6人	300元
	薪酬	100/人	6人	600元
				1920元
其他不可预见费用	—	—	—	300元
总 计				4150元

表4.10 参展产品销售情况预估表

品 名	预估售价(元)	变动成本(元)	边际利润(元)
特级	532	255	277
一级	425	178	247
二级	275	115	160
特级礼盒	600	224	376
一级礼盒	325	109	216
二级礼盒	300	112	188

表4.11 参展产品收入预算表

品 名	规 格	预计销售量(500克/件)	预计售价(元)	预计收入(元)
特级	500克	17	532	9044
一级	500克	36	425	15300
二级	500克	50	275	13750
特级礼盒	200克/罐×2	13	600	7800
一级礼盒	125克/罐×2	27	325	8775
二级礼盒	100克/罐×4	42	300	12600
总 计				67269

(二)本量利分析

1. 盈亏临界点

盈亏临界点分析是本量利分析的基础,企业在规划目标利润、控制利润完成情况、估计经营风险时,都要用到它。盈亏临界点分析就是根据成本、销售收入、利润等因素之间的函数关系预测企业在怎样的情况下,达到不赢不亏的状态。

根据表4.10产品收入预算表可知:特级预计销量17件;一级预计销量36件;二级预计销量50件;特级礼盒预计销量13件;一级礼盒预计销量27件;二级礼盒42件。全部产品销售总额以及每种产品销售比重见表4.12。

表 4.12 产品销售总额以及每种产品销售比重

品　名	预估售价(元)	变动成本(元)	边际利润(元)	边际贡献率(元)
特级	532	255	277	52.07%
一级	425	178	247	58.12%
二级	275	115	160	58.18%
特级礼盒	600	224	376	62.67%
一级礼盒	325	109	216	66.46%
二级礼盒	300	112	188	62.67%

2. 综合边际贡献率

综合边际贡献率的大小反映了企业全部产品的整体盈利能力高低，企业若要提高全部产品的整体盈利水平，可以调整各种产品的销售比重，或者提高各种产品自身的边际贡献率。

$$\begin{aligned}综合边际贡献率 &= \sum(各种产品边际贡献率 \times 该种产品的销售比重) \\ &= 52.07\% \times 13.44\% + 58.12\% \times 22.74\% + 58.18\% \times 20.44\% \\ &\quad + 62.67\% \times 11.60\% + 66.46\% \times 13.04 + 62.67\% \times 18.73\% \\ &\approx 59.79\%\end{aligned}$$

企业盈亏平衡点销售额 = 企业固定成本总额/综合边际贡献率
$$= 4150/59.79\% \approx 6940.96(元)$$

将企业盈亏平衡点销售额分解为各种产品盈亏平衡点销售额和销售量：
各产品盈亏平衡点销售额 = 企业盈亏平衡点销售总额 × 各产品销售额比重
特级 500 克的盈亏平衡点销售额 = 6940.96 × 13.44% = 933.18(元)
一级 500 克的盈亏平衡点销售额 = 6940.96 × 22.74% = 1578.69(元)
二级 500 克的盈亏平衡点销售额 = 6940.96 × 20.44% = 1418.75(元)
特级礼盒的盈亏平衡点销售额 = 6940.96 × 11.60% = 804.82(元)
一级礼盒的盈亏平衡点销售额 = 6940.96 × 13.04% = 905.42(元)
二级礼盒的盈亏平衡点销售额 = 6940.96 × 18.73% = 1300.10(元)
相应的，可以计算出每种产品盈亏平衡点销售量：
各产品盈亏平衡点销售量 = 各产品盈亏平衡点销售额/各产品预估售价
特级 500 克的盈亏平衡点销售量 = 933.18/532 = 1.75
一级 500 克的盈亏平衡点销售量 = 1578.69/425 = 3.71
二级 500 克的盈亏平衡点销售量 = 1418.75/275 = 5.16
特级礼盒的盈亏平衡点销售量 = 804.82/600 = 1.34
一级礼盒的盈亏平衡点销售量 = 905.42/325 = 2.79

二级礼盒的盈亏平衡点销售量=1300.1/300=4.33

3. 安全边际

安全边际是根据实际或预计的销售量与保本量的差量确定的定量指标。财务管理中,安全边际是指正常销售额超过盈亏平衡点销售额的差额,它表明销售量下降多少企业仍不致亏损。

企业在销售过程中都会承担风险,再加上本公司是企业内部加工生产茶叶,企业的成本和利润会受其他茶叶厂商价格变化的影响,企业要想获得高额利润除分析其产品的盈亏平衡点销售量以外,还应分析其各产品的安全边际,根据安全边际来具体分配产品的销售量以达到最大利润。

各产品的安全边际量：

安全边际量(额)=现有或预计销售量(额)-盈亏临界点销售量(额),即：

特级500克的安全边际量=17-2=15

一级500克的安全边际量=36-4=32

二级500克的安全边际量=50-6=44

特级礼盒的安全边际量=13-2=11

一级礼盒的安全边际量=27-3=24

二级礼盒的安全边际量=42-5=37

各产品的安全边际率：

安全边际率=安全边际销售量(额)/现有或预计的销售量(额)×100%

特级500克的安全边际率=15/17×100%=88.24%

一级500克的安全边际率=32/36×100%=88.89%

二级500克的安全边际率=44/50×100%=88%

特级礼盒的安全边际率=11/13×100%=84.62%

一级礼盒的安全边际=24/27×100%=88.89%

二级礼盒的安全边际=37/42×100%=88.10%

一般用安全边际率来评价企业经营的安全程度。表4.13列示了安全边际的经验数据。

表4.13 安全性的检验标准

安全边际率	10%以下	10%~20%	20%~30%	30%~40%	40%以上
安全程度	危险	要注意	较安全	安全	很安全

所谓安全边际是指现有或预计销售量(额)超过盈亏平衡点销售量(额)的部分。超出部分越大,企业发生亏损的可能性越小,发生盈利的可能性越大,企业经营就越安全。安全边际越大,企业经营风险越小,越能为企业带来利润。可以看出各产品的安全边际率都处在84%以上,表明各产品的安全程度很高,企业发生亏损的可能性较小。

4. 本量利分析中的敏感性分析

(1) 销售价格

当单位产品销售价格增长1%时,通过计算得到新的销售价格,如表4.14所示。

表4.14 产品销售价格

品　名	销售价格(元)
特级	537.32
一级	429.25
二级	277.75
特级礼盒	606.00
一级礼盒	328.25
二级礼盒	303.00

税前利润 $P=(537.32-255)\times17+(429.25-178)\times36+(277.75-115)\times50$
$+(606-224)\times13+(328.25-109)\times27+(303-112)\times42$
$=40889.69(元)$

由上述计算可知,当每种产品的销售价格均增加1%时,企业可多赚取40889.69元。

(2) 单位变动成本

当单位变动成本减少1%时,通过计算得到新的变动成本,如表4.15所示。

表4.15 产品变动成本

品　名	变动成本(元)
特级	252.45
一级	176.22
二级	113.85
特级礼盒	221.76
一级礼盒	107.91
二级礼盒	110.88

税前利润 $P=(532-252.45)\times17+(425-176.22)\times36+(275-113.85)\times50$
$+(600-221.76)\times13+(325-107.91)\times27+(300-110.88)\times42$
$=40487.52(元)$

由上述计算可知,当每种产品的单位变动成本均减少1%时,企业可多赚取40487.52元。

通过财务预算,使决策目标具体化、系统化和定量化,从价值方面预测参展情况,使预算执行一目了然。同时建立起财务状况评价标准,使实际与预算对比,更有利于发现问题,解决问题,使参展顺利进。

五、人员组织与培训规划

（一）会展人员规划

会展人员安排:专案经理组:李×。销售组：孙××。后勤组:张×。创意组：司××。接待组:周××、张××。

（二）筹备时期工作架构

筹备时期的工作架构,主要分为专案经理组、销售组、后勤组、创意组、接待组共五组(图4.4)。其工作内容如下：

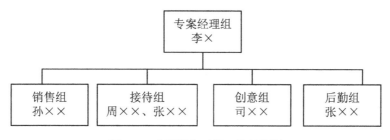

图 4.4　参展筹备时期工作结构图

1．专案经理组

召开筹办会议,邀请各小组组长,并使各组成员了解本组负责的任务。

整体把握本次展会进度,及时进行进度的监督。

取得公司内部的关于本次参展产品资讯资料,并分发给各小组。

监督销售人员、后勤组、创意组、接待组当值流程情况。

检查落实销售人员的客户追踪效果,杜绝客户信息失效的情况发生。

指导销售人员的具体工作及协助谈判客户,以主动出击的精神,争取有效客户,促进销售。

负责销售人员培训及考核,将考核成绩上报给上级领导。

处理参展现场突发问题及客户投诉。

维护专案组团结,发挥团队合作精神,增强互相之间的销售配合,积极进行业务技能发挥,争取做到团队最佳状态。

2．销售组

掌握市场,定期组织市场调研,收集、整理、分析、传递市场需求和发展趋势。

主动联系国内外客户,诚邀客户参加本次展会,开发维护客户关系,制定客户档案,安排客户跟踪并报告,为客户提供周到热情的服务。

每天要对今日销售的产品销售量进行统计和销售分析。

帮助客户做出最佳的选择,销售员在了解客户需求心理的基础上,让客户相信能够通过本公司产品获得最大的利润。

向客户说明买到此种商品后将会给他带来的益处,向客户介绍茶产品的功效,使顾客理解每个茶产品的功效。

通过在展柜与客户的交流,向客户宣传本品牌产品和企业形象,提高品牌知名度。

传递产品知识、企业信息,向客户介绍自己的公司和产品信息,让他们在了解情况的基础上做好销售。

3. 接待组

积极有礼貌,负责接待客户进入展区,同时派发活动宣传彩页,向参会人员告知本公司展位及产品。

以岳西翠兰为主要介绍内容。积极向客户介绍产品,或借由现场操作,让客户了解产品特点、特性、功能等,尽力营销产品。

主动联系客户,多次跟进客户信息,将有意愿客户变为有效客户。

要满腔热情,用真诚的态度去感染参观的客户。

对待每个潜在的客户要使用礼貌用语,让客户感受到尊重。

4. 创意组

配合并协调厂商设计展览会场的布局方式。

负责安排设计摊位与商品陈列。

负责制作行销参展产品(包括宣传旗帜、大型广告刊版、LED跑马灯、宣传单等)。

参展工作人员服装统一定制。

参展工作人员身份识别卡及名片制作。

商品简报与网页的设置与维护。

5. 后勤组

整理国内外客户及厂商名单资料并寄发展览通知。

负责展览设计器材的管理整理调用与搬运。

制作会议记录及整理。

负责拍照摄影、文书工作与电子档案保存。

每日核对参展商品的增添,保持每种样品的份数一致。

每晚及时整理第二天所需要的资料,并对参展的站台进行卫生打扫。

及时跟进和保持各个小组所需要的材料,保证后勤的高度执勤能力。

负责好参展的商品及租赁物品的安全和来回运输的过程。

6. 注意事项

展示期间所有组员佩戴姓名牌。

关注客户的行踪,何时到达并及时接待。

在展会期间,参展工作人员不能在现场吃东西,要以一个国际品牌的水准要求来,保持展厅干净整洁。

参展工作人员衣着要统一,体现出公司的良好精神面貌和国际品牌的操作要求。

客户到展位三步距离时,必须微笑迎接,有客户在展位的情况下,不得占用客户接待位。

(三)人员培训规划

为了使本次展会顺利进行,公司邀请数名资深专家对参展人员进行为期两星期的人员培训,请专家按下列课程分时段上课,且进行阶段性的成果验收。

最终经过两个星期的专家培训,并进行了考核,考核成绩见表4.16。各组成员经过考核后都以优异的成绩获得参展的资格。

表4.16 各成员的终结性考核成绩表

姓 名	产品认识	展台设计	国际礼仪	营销策划	财务规划
李×	92	91	82	85	78
周××	86	78	95	90	85
张××	84	86	90	77	92
司××	81	91	88	80	93
张××	83	87	88	91	82
孙××	92	96	90	90	83

六、参展进度规划

(一)参展进度时间表

参展进度时间表见表4.17。

表4.17 参展进度时间表

日 期	进 度 项 目	负 责 人
2017-03-15	进行市场调查和考虑地域性差异	活动组
2017-03-16	确定展会时间	专案经理组
2017-03-16	确定岳西翠兰合作商家	销售组
2017-03-17	设计展会计划书	专案经理组

续表

日　期	进　度　项　目	负　责　人
2017-03-17	实地了解合作企业并确定下一步计划	全体成员
2017-03-18	行销策略规划	销售组
2017-03-18	财务计划	销售组
2017-03-18	相关人员培训计划	专案经理组
2017-03-19	参展进度规划	专案经理组
2017-03-19	完成参展计划书	活动组
2017-03-19	检查参展计划书是否存在不合理部分	专案经理组
2017-03-20	展前准备工作	全体成员
2017-03-25	展会前的广告投放	销售组
2017-03-30	设计展会海报	销售组
2017-04-01	确定主办单位	活动组
2017-04-02	设计邀请函并准备客户名录	销售组
2017-04-04	确定展会地点、规模	活动组
2017-04-05	申请相关批文	专案经理组
2017-04-06	联系宣传媒体	活动组
2017-04-07	开始相关人员培训	专案经理组
2017-04-11	参赛报名	专案经理组
2017-04-15	统计参展商品及目录	销售组
2017-04-19	确定交通工具	活动组
2017-04-20	布置展场	全体成员
2017-04-24	打包参展商品及相关物品	活动组
2017-04-28	最后确认是否存在遗漏部分	活动组
2017-05-07	参会开始	全体成员

(二) 参展进度规划

1．展前规划

(1) 实地与岳西翠兰商家沟通，并着手开始制作展览宣传册及展览海报，宣传资料中，用中英文标出企业名称及产品信息，为企业提供了一个充分展示自己产品的机会。

(2) 寻找主办单位，与主办单位联系沟通。主办单位应在当地应有权威性并有一定知名度。

(3) 确定展会地点、规模并申请相关批文。

(4) 确定广告投放的形式。① 户外广告。主要是 POP 板、车身广告、道路两边条幅广告等,这些广告投放在展会开展前以及展会期间。② 杂志报纸媒体广告。主要是专业杂志媒体和大众杂志媒体等,这些广告主要是在招展之前和招展期间进行。

(5) 确定参展样品,准备大量代表岳西翠兰优质品质及特色的样品,贴上商家标签;将茶叶的生长环境、采摘过程、生产设备及程序等拍录下来(利用 VR 技术)以供之后与会人员了解产品,并为宣传需要做必要准备;用于试品茶叶的准备,为开展行销时样品尝做好准备。

(6) 商讨合适的行销方案并定案,行销人员了解顾客需求并抓住茶叶的优质特性。

(7) 复查公司的参展说明书、传单、新闻稿等,并准备必要的翻译;与公司参展员工、翻译员等进行展览前最后沟通;检查确认展场所需设备及物品。

(8) 通过电话传真、邮件等方式把展会邀请函发给客户名录中的单位。

2. 展中活动规划

(1) 针对参展主打产品进行分类分析,宣传岳西翠兰优质特点,吸引参加展会的顾客。

(2) 划分区域展览,能帮助顾客更快更清晰地寻找所需的品种茶。提供足够的试尝茶叶和热水,提供一个完美的品茶区域。

(3) 提供触屏展示与 VR 视频介绍。顾客可以自主运用展柜旁的触屏展示机来了解自己更感兴趣的优质特色;通过 VR 视频来了解我们茶园的环境特色。

(4) 热情地服务,详细地讲解,让访客亲自品尝茶的幽香、味醇、回甘。细心地询问待改善的地方,让访客对服务满意,对产品感兴趣从而达到发掘潜在客户的目的,扩大本企业的销售面和市场。

(5) 展场工作人员应于展场规定开放时间进出展场,并应佩戴工作证或出入证,且在出入登记簿上签名及证明出入时间,各组人员应依表 4.18 执行日常工作。

表 4.18 日常工作分配表

时　　间	专案经理	业务 1	业务 2	公开组员
7:00—8:00	监督	进场相关事宜	媒体邀约	媒体邀约
8:00—9:30	接单	接待与报价	接待与报价	接单
9:30—11:00	接单	接待与报价	接待与报价	接单
11:00—12:00	中餐事宜	接单	接待与报价	接待与报价
12:00—13:00	大会广播	整理客户名单	确认媒体赠品	场内活动确认
13:00—14:30	接单	接待与报价	接待与报价	接单

续表

时 间	专案经理	业务1	业务2	公开组员
14:30—16:00	接单	接待与报价	接待与报价	场内活动
16:00—17:30	接单	接单	接待与报价	最后促销
17:30—19:00	监督	整理资料	退场	退场

注:① 监督:负责掌握各部门执行进度。② 进场相关事宜:展品进场、人员持证进场;各展柜摆放位置确认。③ 大会广播:由业务经理确认大会活动流程和内容,并准备广播稿。④ 接待与报价:在展览会场中接待、负责快速筛选客户、报价,并引导有兴趣的客户至负责接单的工作人员手上。⑤ 接单:负责所有和客户签约的事宜,包括交换名片、引导客户填写资料单、签约。⑥ 整理客户名单:负责在展览休息时间时整理并分类顾客需求。⑦ 媒体邀约:传真新闻稿至各大报社和杂志社,并邀请其参展。⑧ 确认媒体赠品:负责赠送媒体朋友赠品的整理并清点。⑨ 场内活动确认:确认场内活动细节,包括指导临时举牌雇员的基本工作、场内新产品发表会工作及负责宣传区域等。⑩ 场内活动:负责监督场内活动执行状况。⑪ 最后促销:配合每日宣传企划,于最后一小时负责监控促销活动的执行。⑫ 退场:确认退场应注意事项。

3. 展后活动规划

展会结束,并不意味着销售任务结束。应该保持与顾客更好的交流,才能使得潜在客户成为真实客户。

(1) 展会后的会场清理。仔细对照检查茶叶的销售量,相应设备的归还,整理销售数据与资料,清点现场产品,并对展台等设施拆卸。

(2) 电话回访或上门回访。为了更好地挖掘潜在的客户,必须要有电话回访或上门回访。

电话回访主要针对售后回访和售中回访。按实际情况来确定和客户谈话的范围和内容。主要的内容有:① 自我介绍,一定要在开场白中很热情地表示友善的问候和自我介绍。② 介绍打电话的目的,介绍打电话的目的时有一点很重要,就是突出对客户的好处。③ 确认对方时间的可行性,在这种情况下应礼貌而又热情地征询对方的意见。

上门回访是一种重要的回访方式,一直深受客户的喜爱。以下是上门回访的注意事项:① 注意仪表风度,穿着配饰应注重商务礼仪。② 注意上门时间,千万不能以自己的工作方便来考虑,必须要配合顾客的时间,避开顾客的休息时间。③ 要注重时效性,一定要及时地上门回访,并且用热情的态度去对待每一个客户。

(3) 参展后的总结及检讨。总结客户的建议意见,汇总展柜查询机器上留言栏的留言信息,做出修改和检讨,并进行信息的及时反馈给客户,做好售后服务,建立良好的信誉和品牌化。

在展览过程中出现的问题要总结经验,对于其他展柜的特色销售活动要吸取优点,待下次弥补。

小豹翻译棒参展策划书[①]

一、参赛宗旨与目标设定

(一)参赛宗旨

猎豹公司致力于为全球的移动用户提供更快速、更易用、更安全的移动互联网体验。人工智能是对整个互联网产业的重新塑造,也是对人类思维方法的重新塑造。现阶段,我们希望扩大公司的影响力,让更多人了解我们公司。

小豹翻译棒弥补了传统翻译棒的价格高昂、不便携带、操作复杂、频繁充电等缺点,作为刚上市的产品,小豹翻译棒具有自己的特点,我们希望小豹翻译棒能够带领人工智能翻译产业进入一个新纪元。

本次会展是展示企业风采的一个优良的平台。本次会展,我们将着重对本公司的产品理念、品牌理想和企业精神进行宣传,高效推广产品,提高知名度。因此,我们更应扎实做好展会营销,让企业的发展在展会中更进一步。

(二)目标设定

通过这次商品展示,我们希望能达到以下目标:

提升知名度,宣传品牌形象。通过此次会展,既可以展现公司产品的品质和优势,也可以宣扬公司的文化理念,让"小豹"品牌形象更加被大众所认可。展会期间,利用微博、微信等新媒体平台以及电视、广播、传单、户外广告等形式,使产品的特色深入人心并提升产品知名度。

拓展多方渠道,促进招商加盟。通过展会平台,吸引更多小家电商进行合作,最大化平台宣传效果,展示公司的良好形象、产品实力和竞争优势,提升品牌知名度,达成扩大销售份额、获取订单、提高市场占有率、促进招商加盟的目标。

进行市场调研,促进新产品研发。利用展会充分了解消费人群诉求,通过面对面交流、调查问卷等形式充分了解客户需求,建立品牌形象并测试产品的接受度,收集市场信息,从而发现产品不足,对产品进行改进。不仅如此,借助与同行同台竞技的机会,获取同行产品和销售策略等信息,了解同行竞争优势,学习先进经验,促进品牌进步。

[①] 本项目荣获第四届安徽省大学生国际贸易综合技能大赛一等奖,作者为 Augety 团队,内容有删减。

收集市场信息,挖掘潜在客户。通过会展平台可以充分收集市场信息,建立品牌形象并测试产品的接受度,收集消费者的反馈信息。发掘新市场,拓宽销售渠道,拓展消费人群,提高销售量。

通过实践,提高员工素养。利用展会,让员工在理论与实践相结合中学习,汲取优秀的经营管理理念和产品营销策略,学会了解市场动态和客户需求分析,完善服务态度,提升专业认知和营销水平。

二、产业、产品调查与分析

(一)翻译机的起源

1. 产生背景

1954年,美国乔治敦大学与IBM公司联合使用IBM701计算机首次完成了英俄机器翻译试验,拉开了机器翻译的序幕。近几十年来,机器翻译演进出了众多不同的。

随着互联网的诞生与兴起,21世纪以来,人类所产生的语言文字数据量激增,统计方法因此得到充分应用。谷歌、百度、微软等互联网公司纷纷成立机器翻译研究组,研发了基于互联网大数据的机器翻译系统,从而使机器翻译真正走向实用。

自2013年以来,随着深度学习在图像、语音等方面的突破性进展,基于人工神经网络的机器翻译(Neural Machine Translation)也在逐渐兴起,翻译效果变得越来越好。随着电子技术的发展,翻译机也完成了从最初词典式的单词翻译向整句完整转换的迈进。

2. 发展前景

从20世纪80年代中期开始,基于语料和多引擎机器翻译方法的广泛运用,翻译机的性能和效率有了明显提高,各式各样的翻译机如雨后春笋般问世。

随着人工智能的发展,人们对翻译器的要求不仅仅只停留在当初的基本翻译。随着智能语音技术的不断完善,尤其是随着语音识别准确率的不断提高,基于智能语音技术的智能硬件纷至沓来,智能翻译机也悄然逆袭,开始飞速发展。

(二)产业市场环境分析

1. 翻译产业概述

中国加入世界贸易组织以来,越来越多的外资企业进中国市场,与之相关的国外资料、网站、软件需要和国内进行对接,催生出巨大翻译市场。国际贸易、国际技术交流以及国际文化等各方面的合作,同样蕴藏着非常大的翻译市场机会。每一次国际技术转让都会涉及能堆满几间屋子的资料需要翻译;每一个国际贸易项目的进行都会有大量产品介绍、合作文书翻译以及现场口译的需求,而逐年增加的国际性会议中,翻译更是必不可少的一项工作。

根据国际本地化行业标准协会(LISA)对世界翻译市场的调查显示,目前全球翻译行业年产值超过130亿美元,其中亚太地区占30%,截至2007年底,全世界人工翻译市场达到115亿美元,将网页上的外国语言翻译成为本国语言的翻译业务将达到17亿美元的市场规模,而中国的翻译市场则将达到300亿元人民币。翻译市场会跟随全球化进程的不断加快而迅速发展,目前为止仅国内翻译市场就保持着每年50%以上的增长率,而且每一年的增长率均呈现递增趋势。

随着翻译服务市场急剧扩大,翻译服务企业不断增多,规模不断增大,中文翻译服务市场的竞争也比以往更加激烈。2008年北京奥运会、2010年上海世博会、2012年南京青奥会的申办成功标志着中国正站在世界舞台的中央。这必将给中国翻译服务产业带来新机遇。

2. 翻译产业市场分析

目前中国翻译市场的规模已超过300亿元人民币,国内注册的翻译公司有近3000家,但据中国翻译协会会长在第17届世界翻译大会上的发言,真正由国内翻译公司主导的市场份额仅占10%。常翻译的语种有:英、日、德、法、韩、俄,其中,技术文件资料的翻译需求较大,比如机械、电子、汽车、金融、法律文件等。目前国内翻译市场呈如下特点:

规模小,具有良好行业品牌的公司甚少。国内缺少合格培养专业翻译的专业教育和培训机构。翻译标准的实施缺少监控和度量。翻译在中国还没有形成产业。

翻译公司数量多,质量却参差不齐。由于专职人员少,很多公司不得不依靠兼职翻译或外包,质量难以保证。

同行竞争激烈,价格不断走低。很多公司为了争夺客户,不惜压低翻译价格,为了获得利润,常规的翻译、编辑和审核的质量无法保证。

本地化翻译业务呈上升势头。由于客户对本地化翻译的质量较认可,本地化翻译的价格相对较高,越来越多的公司开始承接本地化业务。同样由于缺少本地化专职员工,翻译流程不规范,业务很难有突破。

中国翻译行业发展迅速,人才缺口加大。中国翻译服务市场近几年来发展迅速,市场产值已超过300亿元人民币。但在中国开设翻译公司的门槛很低,导致翻译公司正式注册的超过5000家,没有经过正式注册的各种翻译工作室则更多,但很多翻译公司属于家庭作坊式,每年营业额不超过100万元人民币,具有良好行业品牌的翻译公司为数甚少。翻译从业人员保守估计在50万人以上,但人才缺口日益加大,同时,由于翻译行业并未实施严格的准入制度和资质审核程序,导致从业翻译人员水平参差不齐,高水平的专职译员很少,具有丰富经验的专职翻译更少。

由于国内翻译市场还不是很规范,一些翻译企业急功近利,盲目压价,无序、恶性竞争的现象时有发生。不过,现在越来越多的公司在提升翻译质量的同时也开始思考建立企业和客户能接受和认可的合理的翻译服务价格体系。

在如此巨大的市场面前,作为翻译公司,必须要标准化质量,维持高水准服务,这样才能立足于翻译市场。作为一名翻译,也要不断地学习,提高自己的翻译水平,适应越来越高的行业要求。

3. 各种翻译方式现状分析

人工译员现状分析。中国翻译协会提供的数据显示,中国现有在岗聘任的翻译专业人员约6万人,翻译从业人员保守估计在50万人以上。即使如此,现有的翻译队伍仍无法满足巨大的市场需求。一方面,国内专业外语人员少,又集中在少数经济相对发达的城市和政府部门中;另一方面,外译中工作由于相对容易,人才缺口不大,但能够胜任中译外工作的高质量人才则严重不足,估计缺口高达90%以上。翻译市场的繁荣给中国翻译产业带来了前所未有的机遇,同时也带来了巨大的挑战。

翻译软件的现状分析。经过几十年的发展,翻译软件已经开始分化。按照使用目的的不同,翻译软件可以分为四种类型,各种类型应用领域不尽相同:

第一类是电子词典,它能够进行词汇级的翻译,其机理是通过预先设定的双语或多语词库,进行一对一或模糊查找,是一种基本的翻译辅助工具,适合有一定外语基础的用户或用于英语学习。它在技术上较为简单,主要是发挥计算机快速检索的优势。

第二类是汉化(或屏幕)翻译软件,它可以把特定软件界面或屏幕上出现的英文翻译成中文。其翻译机理是当用户启动某个英文软件时,系统通过调用预先建立的特定汉化包,把界面上出现的英文替换为中文,如果没有对应的汉化包,则采用自动翻译。对于有预先设定汉化包的软件界面汉化效果较好,对随机出现的英文句子则效果较差。该类软件适合英文软件用户和信息浏览者使用。它的主要作用是为英文基础不太好的用户在快速浏览信息时提供参考。对于专业的翻译人员帮助不大。

第三类是全文翻译软件,它可以把整篇文章从一种语言翻译为另一种语言。它以词库为基础,配合语法规则进行语言之间的转换。由于语言的复杂性和目前机器翻译技术的局限,其翻译效果不够理想。适合外文基础较差的用户进行信息获取,对翻译人员也不适用。

第四类就是计算机辅助翻译 CAT (Computer Aided Translation) 软件,以人机交互和翻译记忆技术(Translation Memory)为基础,配合特定的术语库和语料库,软件只起辅助作用,翻译工作由人来完成。可以提高翻译效率和准确度。软件针对精确翻译用途设计,考虑翻译项目的规模大小不同,参与项目人员的工作性质的不同,软件分为不同的功能模块,分别用于项目管理者、审校人员和翻译人员。

4. 各种翻译方式劣势分析

(1) 人工翻译

不能够高速处理原文中庞杂的信息。在实际的翻译工作中,难免会碰到一些加急件。如一个几千字的稿子，却只有半个自然日的时间来处理。这种工作难度对于一个没有娴熟技巧和丰富经验的人工翻译工作者来说，是无法很好完成的。再如，在翻译产品介绍或宣传册当中，会遇到一些用词，这些词汇在词典中是无法查到的。在这种情况下，如果该公司能提供一些帮助，提供一些必要的背景资料，如做一个语料库，那么译者借助该语料库和流行的翻译软件，加之必要的翻译技巧和知识储备，就有可能在更短的时间内做出同样质量的译文。在实际工作中，工作效率就会大大增加。

翻译成本较高。人工翻译成本一般超过机器翻译系统的安装成本，而且随着翻译工作量的不断增加，人工翻译成本将远远超过机器翻译成本。

(2) 计算机辅助翻译

译文的僵硬化。计算机辅助翻译技术中的相关软件都是按句子将原文分割开。翻译人员在翻译过程中，只能按照分割开的句子进行一对一的翻译。因为只能直接根据原文顺序进行翻译，无法对原文做较大的调整，所以限制了翻译人员的主观创造性。而且，这种翻译方法译出的文章缺少完整性，显得僵化。

更适用于内容重复率高的文件。计算机辅助翻译技术的一大优势是利用翻译记忆库与术语库提高翻译的效率，但这种技术更适用句型变化少，且内容重复率高的文件，如法律条文、技术资料、说明书等。计算机辅助翻译技术不适用于文学类文本的翻译，因为文学文本句型变换多，修辞丰富，上下文联系紧密，很难做到预翻译或是频繁使用翻译记忆库和术语库进行翻译。

模糊匹配召回率低。翻译时需要检索记忆库，寻找合适的译文。翻译机器检索的结果有两种，即完全匹配与模糊匹配。完全匹配返回新文本与记忆库中100%相同的片段，模糊匹配返回相似的片段。真正的翻译项目中，重复率高的大都是一些技术性文本，如说明书，但是多数项目是很难找到完全相同的内容。而且计算机辅助翻译技术中现在使用的软件，其模糊匹配召回率低，如 Trados 模糊匹配召回率是70%，相似度低于70%的句子是不能被自动召回的。但是无论是英语还是汉语，其句型变化复杂，低的模糊匹配召回率使可自动召回的句子是有限的，所以对于重复率不高的文本，还是需要人工翻译大量的内容。

(3) 在线翻译软件

在线翻译工具存在的问题集中在语法错误、语序错误、上下文不够通顺、专业性不强以及文本长度和语种的限制。

(4) 电子词典

电子词典只能对单词或短语提供自动化翻译，它无法根据给定语境来选择翻译，也不能处理整个句段，而对于连续的文章，这种逐字翻译往往是无效的。

(三) 需求分析

1. 出境旅游带火翻译机市场

在收入增长和旅游消费升级的推动下，我国出境旅游持续火热。2014年，中国出境旅游人数突破 1 亿人次,2018 上半年,中国公民出境旅游人数 7131 万人次,比上年同期增长 15.0%。

语言沟通成为出境旅游最大的瓶颈,这也推动了游客对智能翻译机的需求。预计三到五年内智能翻译机能够达到年销三四千万台的市场规模。目前我国翻译机市场规模已从 2016 年的 396 亿元增长到 2020 年的 561 亿元。

2. 国际交流合作刺激翻译需求

2001 年 12 月 11 日,中国正式加入世界贸易组织,此后中国同世界交流合作不断增加,中国货物进出口总额大幅增长。

随着经济全球化进程的加快,世界各地区人们的联系越来越紧密,翻译工具成为了人们学习和交流的一种迫切需要。

3. 教育需求推动行业发展

在学习生涯中,英语学习时间长,考试压力大,相比英语电子学习机,翻译机更加智能,使用更加方便快捷。大部分翻译机在各种场景中都能应用,让学生告别哑巴英语。此外,留学生初到异国他乡人生地不熟,语言交流有障碍,基本出行和购物、交友均受到影响,翻译机可帮助留学生度过最为艰难的时期。

4. 人工智能为翻译机提供了技术支持

近年,深度学习神经网络的兴起,自动语音识别、机器翻译、语音合成技术在品质上均获得很大的提升,图像识别技术也有不小的突破,翻译机也在人工智能相关技术的注入下重获新生。

自从 2017 年人工智能(AI)上升为国家战略后,各大科技公司纷纷寻找 AI 落地场景,翻译机这一新兴市场也成为香饽饽。

(四)产品简介

搭载猎户星空语音 OS 和翻译技术的小豹 AI 翻译棒,采用猎户和微软双引擎,一键翻译,支持中文与英、日、韩、泰、西文互译,180 天超长待机,45 克极致轻盈。自推出以来,小豹 AI 翻译棒已在出国社交、口语学习、商务社交三大核心场景落地应用,并快速打通"线上+线下"销售全链路。

小豹 AI 翻译棒使用起来非常简单,只需要按翻译棒唯一的按键就能完成翻译。此外,小豹 AI 翻译棒采用双麦克风阵列及主动降噪技术,能够在数米范围内准确拾音,并且清晰地将译文播报出来。

(五)产品设计与构造

小豹 AI 翻译棒机身整体为长条形,最上面是一层钢琴烤漆似的黑色玻璃,边缘做了弧度处理,除了中部偏上的一枚按键外没有其他机械结构,一体感较强。中间为银白色的铝合金材质的中框和黑色玻璃组成的双色面壳。翻译棒背部为磨砂材质的硬质塑料,同样做了弧度处理,整机握持感极佳。同时,该设备还支持 IP65

级别防尘防水。

1. 产品正面

整个翻译棒正面有两个按键:翻译键与音量调节键(图4.5)。

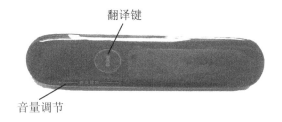

图 4.5　翻译棒正面

(1) 翻译键:类似于苹果手机的 home 键设计,一键多用并且持久耐按。不论是中译外还是外译中,只需轻轻一按,即可快速翻译播报。

(2) 音量调节键:只需手指轻轻在此处滑动,即可调节音量大小。

2. 产品背面

翻译棒的背面主要由充电口、扬声器、麦克风组成(图4.6)。

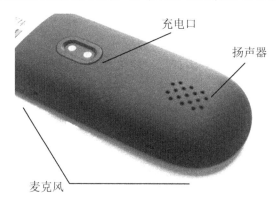

图 4.6　翻译棒背面

(1) 麦克风:两个数字拾音麦克风,内置 Synaptics 远场拾音芯片,在双麦克风识音的前提下,配有主动降噪技术,拾音距离达到 4 米,使用者不必贴近麦克风,也能够得体大方地进行录音。

(2) 扬声器:内置高品质扬声器,并且有多个发声孔。

(3) 充电口:采用磁吸式充电器,通过两个触点接触充电(图4.7)。

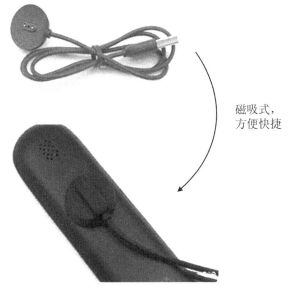

图 4.7 翻译棒的充电

3. 电池容量与便捷度

翻译棒内置 1000 毫安时锂电池,可以做到超长待机。整个翻译棒只有 45 克重,且体积极小,十分方便携带,方便旅行使用。

(六)产品性能介绍

1. 翻译功能强

小豹 AI 翻译棒支持中文与英、日、韩、泰、西文六种语言互译。用户使用前需要下载"小豹 AI 翻译棒"App,并根据提示轻松完成蓝牙连接。

用户只需按下翻译键并说出需要翻译的话,松开按键录音会立刻被翻译为目标语言并诵读出来。当然,大家还可在手机上查看翻译内容是否正确,在 30 秒内再次按下翻译键或再次点击手机翻译界面,但可重复收听翻译内容。

2. 续航时间久

小豹 AI 翻译棒可以待机 180 天,持续使用时间可达 24 小时。如果以每天使用 3 小时计算,可以连续使用 8 天,只充一次电基本就可满足一次出境游的需求。

(七)SWOT 分析

小豹 AI 翻译棒 SWOT 分析见图 4.8。

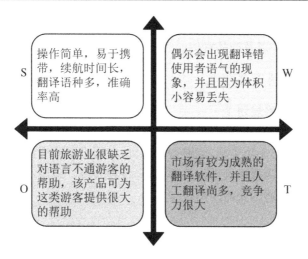

图 4.8 小豹 AI 翻译棒 SWOT 分析

三、营销策略规划

（一）展前营销策略规划

（1）网络宣传。完善公司的网页，做好各系列产品的细节说明和亮点介绍，便于客户对本公司产品信息、加盟信息、联络信息的随时获取，拓宽与客户的沟通渠道。加强与各平台的合作关系，加大网上宣传力度。充分利用 QQ、微信、微博等网络社交工具，做好本公司参展信息的宣传。借助阿里巴巴、淘宝、京东等平台，加大宣传力度，推广产品。

（2）国际宣传。充分利用国外社交平台推广品牌，提高品牌的国际知名度。可以找国外公司合作进行推广。

（3）利用明星效应。请国内或国际上知名明星为产品进行代言，提高产品知名度。

（4）对一些商业活动进行赞助。找一些广大群众比较关注的媒体进行赞助，通过品牌活动进行宣传。

（5）通过代理商进行宣传。向代理商发出邀请参加此次展会；开展多种交流、反馈、答谢活动，及时收集老客户反馈信息和建议，答谢老客户，稳定公司的客户源。

（6）现场展示。现场参展人员在解说的过程中，配以 PPT、音频视频等宣传资料，对产品进行全方位直观介绍；现场开辟体验专区，让每位参观者都可以体验到产品的优良性能，激发客户购买欲望；通过分发宣传单、小礼品吸引顾客眼球；通过现场 LED 大屏幕播放广告，吸引参展人群。

（7）广告宣传。增大广告资金的投入，精心设计新颖、独特、针对性强的海报和宣传单页,做好现场的广告宣传。与此同时,在本地区选择经济适用且位置佳的广告位做好参展宣传以及产品宣传。

（二）展中营销策略规划

1."4P"营销策略规划

（1）产品（product）

小豹翻译棒外形小巧美观,能够超长待机,方便出国旅行携带;支持中、英、日、韩、泰等多国语言同声翻译且操作简单,适合各种人群。采用双麦克风阵列及主动降噪技术,打造更舒适的交流距离。

（2）价格（price）

目前市面上的翻译产品动辄千元售价,小豹翻译棒价格亲民,定价仅为299元,能为绝大多数消费者所接受。

（3）渠道（place）

① 网络销售。本产品主要通过网络渠道进行销售,包装精致,物流团队专业强大,保证产品的完好、快速送达消费者手中。

② 伙伴式销售渠道。本产品与多家行业知名企业展开合作,使分散的经销商形成了一个有机体系,实现互利共赢。

（4）促销（promotion）

展会上用折扣返还的方法来吸引经销商,订单数量越大,折扣越多。

在会场外张贴本公司的宣传语和本展台位置路线图,并安排接待人员引领参展者进入本公司展区。

在参展区入口处安排人员向来往参观者分发我公司宣传册。

采取会员制,对于会员给予一定的优惠。对于老客户和重要客户,公司将给予一定的优惠措施。

注重对销售团队的培养（如增加销售团队对翻译产品的了解）,提高团队的服务素质。

2.展位布置规划

（1）展场信息

展出时间:2019年5月。

展出地点:安徽省蚌埠市安徽财经大学。

展位面积:50平方米。

（2）展位设计

设计理念:本次参展的产品是小豹AI翻译棒,旨在通过此次展览让更多人关注我们的产品,也希望能够进一步扩大我们公司的影响力。目前,AI翻译正处于普及阶段,所以在参展时需要对我们的产品进行细致介绍,使客户了解我们的产品。整个摊位应整齐有致,配以雅致的色调,营造舒适高雅的商务氛围。

展位功能：参观者可以自由入内参观。招牌需醒目，以此达到吸引大量客户参观的效果。参观者能够直观地看到所有参展商品并做出选择。

③ 设计重点：

招牌上印有公司名字和 Logo，以木纹为底色，增加品牌的辨识度。LED 液晶显示屏循环播放小豹翻译棒的广告，吸引客户的目光。展示台上摆放小豹 AI 翻译棒，展品应摆放开阔但不能过于稀疏。海报贴于展位的后墙，展示公司和产品简介，便于来往访客初步了解产品，也能吸引目光，加大宣传力度。洽谈区位于展会后方，远离公众视线的安静区域，这样可以方便潜在顾客同销售人员私下讨论他们的需求，也可用作展台工作人员的休息场所。

3. 报价议价规划

产品的定价决定了产品的销售情况，本次展会以 FOB（装运港船上交货）、CFR（成本加运费）及 CIF（成本加保险费与运费）三项常见的贸易术语作为报价的条件。

销售人员在报价环节要掌握以下报价要领：① 报价时神色自然亲切，语气肯定自信，最好采用书面报价的方式；② 议价时，要求客户出价，找出差距，采取相应措施；③ 报价议价的次数不应超过三次，落价比率应该越来越小；④ 降价的同时可以立即提出签约或预付货款等有利于交易完成的要求，此时容易被客户认同接受。

倘若买主不接受本公司的议价，应尽可能与买主议价，增加与客户议价的优势，其次再以买主的意见作为考虑。倘若买主不接受本公司的议价，处理步骤如下：① 先努力说服买主接受原报价，不作让步，要求买主订单达到一定数量，则愿意考虑降低价格；② 若客户依然不愿意接受，以买主购买量的多少酌情减少公司的利润，以满足客户的降价需求。

经商议最终决定优惠政策如下：① 下单即送保护套套装。② 优惠返券。满 299 元返 10 元券，满 599 元返 30 元券，满 899 元返 60 元券，优惠券可当场使用。

（三）展后营销策略规划

1. 展后评估

（1）展出目标评估：根据公司战略目标、展会情况等，评估展出目标是否成功以及实现情况。

（2）展览效率评估：统计展览人员实际接待参观客户的数量在参观客户总数中比率，以及参展总开支除以实际接待的客户数量。

（3）展览质量评估：统计参观客户质量、数量和平均参观时间。

（4）成交评估：统计分析实际成交额、意向成交额、新老客户成交比率、展览期间成交额、预计后续成交额。

（5）展览人员评估：通过调查问卷或口头采访的方式统计参加过展览的观众对展览人员的工作态度、效率和团队精神的看法与评价。

2. 展后追踪

展会的后期跟踪是展会的重要环节,好的展后跟踪可以促成交易和订单交付,同时可以维持老的客户,开发新的客源,使展会作用最大化。

展会结束后,参展企业应该要求参展人员把展会得到的各种资料原件交公司存档,尽快将展会信息转化为公司资源。

四、财务规划

（一）参展财务预算

本次参展预算方案如表 4.19 至表 4.24 所示。

表 4.19 场地宣传费用预算

序号	项目	子项目	单价	计量	金额	合计
1	展览场地费	场地租金	100 元/天	8 天	800 元	1500 元
		设备费用	50/天		400 元	
		展位搭建费	15 元/平方米	20 平方米	300 元	
2	装饰费	吉祥物、会标、花卉等	50 元/份	15 份	750 元	750 元
3	会展宣传费	广告费	—	—	300 元	650 元
		邮寄费			50 元	
		发布会费用			300 元	
总计					2900 元	

表 4.20 人工费用预算

序号	项目	子项目	单价	计量	金额	合计
1	交通、住宿费	特邀嘉宾	—	—	500 元	1300 元
		工作人员			800 元	
2	饮食费	茶水、点心、毛巾等	10 元/份	40 份	400 元	400 元
3	管理费	—	200 元/人	3 人	600 元	600 元
总计					2300 元	

表4.21 其他费用预算

序号	项 目	子 项 目	单 价	计量	金额	合计
1	杂费	临时运输、打印、工具、通信、纪念品等	—	—	800元	800元
2	税收费	—	—	—	300元	300元
3	弹性费用	—	—	—	500元	500元
总计			1600元			

表4.22 展中支出

序号	子项目	单价	数量	金额	备 注	合计
1	文件资料、通信费	10元	10份	100元	宣传、登记、记录等费用	100元
2	纸笔	10元	20份	200元	—	200元
3	人身及展品保险费	—	—	500元	—	500元
总计			800元			

表4.23 展后支出

展前支出	展中支出	展后支出	总 计
7610元	1780元	600元	9990元

表4.24 会展收入预算

产 品 名 称	计量单位	预计销售量	预计售价	预计收入
小豹翻译棒(经典白色)	支	100	299元	29900元
小豹翻译棒(经典黑色)	支	150	270元	40500元

(二) 本量利分析

1. 盈亏临界点

盈亏临界点分析是本量利分析的基础,企业在规划目标利润,控制利润完成情况,估计经营风险时,都要用到它。盈亏临界点分析就是根据成本、销售收入、利润等因素之间的函数关系预测企业在怎样的情况下,达到不盈不亏的状态。

根据表 4.23 可知:小豹翻译棒(经典白色)299 元/个,预计销售 100 支,小豹翻译棒(经典黑色)270 元/个,预计销售 150 支。全部产品销售总额以及每种产品销售比重如表 4.25 所示。

表 4.25　销售总额以及每种产品销售比重

产　　品	预估售价	变动成本	边际利润	边际贡献率
小豹翻译棒(经典白色)	299	50	249	83.2%
小豹翻译棒(经典黑色)	270	45	225	83.3%

2. 综合边际贡献率

综合边际贡献率的大小反映了企业全部产品的整体盈利能力高低,企业若要提高全部产品的整体盈利水平,可以调整各种产品的销售比重,或者提高各种产品自身的边际贡献率。

$$综合边际贡献率 = \sum (各种产品边际贡献率 \times 该种产品的销售比重)$$
$$= 83.2\% \times 40\% + 83.3\% \times 60\% \approx 83.26\%$$

(1) 企业盈亏平衡点销售额

企业盈亏平衡点销售额 = 企业固定成本总额/综合边际贡献率
$$= 9999/83.26\% \approx 12009.36(元)$$

(2) 将企业盈亏平衡点销售额分解为各种产品盈亏平衡点销售额和销售量

各产品盈亏平衡点销售额 = 企业盈亏平衡点销售总额 × 各产品销售额比重

经典白色的盈亏平衡点销售额 = 12009.36 × 40% = 4803.7(元)

经典黑色的盈亏平衡点销售额 = 12009.36 × 60% = 7205.61(元)

(3) 相应地,可以计算出每种产品盈亏平衡点销售量:

各产品盈亏平衡点销售量 = 各产品盈亏平衡点销售额/各产品预估售价

经典白色的盈亏平衡点销售量 = 4803.7/299 = 16

经典黑色的盈亏平衡点销售量 = 7205.61/270 = 26

3. 安全边际

安全边际是根据实际或预计的销售量与保本量的差量确定的定量指标。财务管理中,安全边际是指正常销售额超过盈亏平衡点销售额的差额,它表明销售量下降多少企业仍不致亏损。

企业在销售过程中都会承担风险,企业要想获得高利润除分析其产品的盈亏平衡点销售量以外,还应分析其各产品的安全边际,根据安全边际来具体分配产品的销售量以达到最大利润。

(1) 各产品的安全边际量：

安全边际量(额)＝现有或预计销售量(额)－盈亏临界点销售量(额)，即：

经典白色的安全边际量＝100－16＝84

经典黑色的安全边际量＝150－26＝124

(2) 各产品的安全边际率：

安全边际率＝安全边际销售量(额)/现有或预计的销售量(额)×100％

经典白色的安全边际率＝84/100×100％＝84％

经典黑色的安全边际率＝124/150×100％＝82.6％

一般用安全边际率来评价企业经营的安全程度。表 4.26 列示了安全边际的经验数据。

表 4.26 安全性的检验标准

安全边际率	10％以下	10％～20％	20％～30％	30％～40％	40％以上
安全程度	危险	值得注意	比较安全	安全	很安全

所谓安全边际是指现有或预计销售量(额)超过盈亏平衡点销售量(额)的部分。超出部分越大，企业发生亏损的可能性越小，发生盈利的可能性越大，企业经营就越安全。安全边际越大，企业经营风险越小，越能为企业带来利润。可以看出各产品的安全边际率都处在 82％以上，表明各产品的安全程度很高，企业发生亏损的可能性较小。

通过财务预算，使决策目标具体化、系统化和定量化，从价值方面预测参展情况，使预算执行一目了然。同时建立起财务状况评价标准，使实际与预算对比，更有利于发现问题、解决问题，使参展顺利进行。

五、人员组织与培训规划

（一）人员安排

成立展会营销指挥部，由最高决策层成员担任现场总指挥，以宏观调度企业有关资源配合展会营销。从会前准备工作开始，建立展会营销筹备小组，成员应包含总控、公关组、排队登记组、接待引导组等人员(图 4.9)。品牌展会营销是一项团队工作，虽然各岗位分工不一样，但彼此无法分离，所以必须团结协作，和谐共处。各岗位工作内容如下：

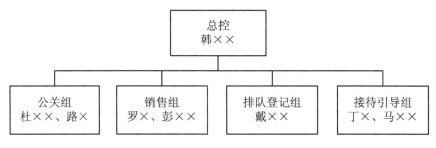

图 4.9 各岗位工作内容

1. 总控

(1) 召开筹办会议,邀请各小组组长,并使各组小组了解本组负责的任务。考虑公司实力,结合公司参展目的,分析地理、交通等因素选择适合的展会。展会前安排好整个展会的项目进程,展会设计与布局,人员安排与分工。

(2) 取得公司内部产业的关于本次参展产品资讯资料,并分发给各个小组。

(3) 监督销售人员、创意组、接待组、后勤组当值情况。

(4) 检查落实销售人员的客户追踪效果,杜绝客户信息失效的情况发生。

(5) 指导销售人员的具体工作及协助谈判客户,以主动出击的精神,争取有效客户,促进销售。

(6) 负责销售人员培训及考核,将考核成绩上报给上级领导。

(7) 处理参展现场突发问题及客户投诉。

(8) 发挥团队合作精神,增强互相合作的销售配合,积极进行业务技能发挥,争取做到团队最佳状态。

2. 公关组

(1) 负责制作参展会场产品的广告及宣传标语。

(2) 运营公司微信公众号、微博平台,实时发布公司动态以及产品信息。

(3) 负责展中宣传。

(4) 在参展工作人员证上印制公司独特的 Logo 和图案,给参展者留下深刻印象。

(5) 宣传公司的服务理念和宗旨,使参展者更深入了解公司文化以及产品。

3. 销售组

(1) 掌握市场,定期组织市场调研,收集、整理、分析、传递市场需求和发展趋势。

(2) 主动联系国内外客户,开发维护客户关系,制定客户档案,安排客户跟踪并报告,为客户提供周到热情的服务。

(3) 每天要对今日销售的产品销量进行统计和销售分析。

(4) 帮助客户做出最佳的选择,销售员在了解客户需求心理的基础上,使客户相信从购买本公司产品中能使他获得最大的利益。

(5) 向顾客说明买到此种商品后将会给他带来的益处,向顾客介绍产品的功效,让顾客理解每款翻译棒的功能。

(6) 通过在卖场与消费者的交流,向消费者宣传本品牌产品和企业形象,提高品牌知名度。

(7) 传递产品知识、企业信息,向终端店员介绍自己的公司和产品信息,让他们在了解产品情况的基础上做好销售。

4. 排队登记组

(1) 做好来访个人信息登记,主要是客户的姓名、性别、年龄、职业、联系方式等。

(2) 做好序号卡发放工作,让场外客户按照序号进入会场并维持好会场内秩序。

(3) 积极有礼貌,接待经销商进入展区,派发活动宣传彩页,向参会人员介绍产品。

5. 接待引导组

(1) 向客户介绍公司和产品的基本情况,负责客户的接待工作并回答客户的疑问,做好宣讲工作。

(2) 充分将展品魅力展现给参观者,也便于参观者与之接触。产品表演试用者尽可能靠近参观者,让大家更一目了然。以我们自身的特色为主要介绍内容,积极熟悉产品向参观者介绍产品,或借由现场操作,让参观者了解产品特点、特性、功能等,尽力营销产品。

(3) 做好客户离场时的引导工作。

(三) 培训计划

为使本次参与会展的成员能够符合要求,在个人发展目标和组织发展目标相结合的基础上,有计划、系统地组织成员进行学习和培训,公司特邀知名教师对大家的社交礼仪与公关能力进行集中培训,培训计划安排见表4.27。

表4.27 培训计划安排表

培训内容	培训时间	培训地点	主讲教师
商务英语口语	2019-05-07 8:30—11:30	教学A楼	李×
产品知识与演示	2019-05-07 14:00—17:00	教学A楼	王××
展台礼仪规范	2019-05-08 8:30—11:30	教学B楼	罗×
商务交往方法	2019-05-08 14:00—17:00	教学B楼	韩××
展会内容讲解	2019-05-09 8:30—11:30	教学C楼	马×

1. 商务英语口语培训

使工作人员熟悉本次参展过程中涉及的英语专业术语,以及广告语的表达,并且最终能够流利、大方得体地与顾客交谈。

2. 产品知识与演示培训

使工作人员充分了解展会产品的性能与参数,并且能够熟练地演示产品,给顾客制造良好的参展体验。

3. 展台礼仪规范培训

通过对不同国家顾客的举止习惯的了解与学习,使工作人员在遇到外国友人时能够镇定自若地以对方能够接受的方式和肢体动作与其沟通、交谈。

4. 商务交往方法培训

使工作人员在有限的时间内,通过自己的描述迅速吸引顾客的眼球,讲解顾客感兴趣的部分。

5. 展会内容讲解培训

使工作人员更加了解展会的目的、流程,在展销过程中能够起到更好的引导作用。

六、参展进度规划

（一）进度计划安排

进度计划安排如表 4.28 所示。

表 4.28　进度计划安排表

时　间	进　度　项　目	负责人
2019-04-19	进行市场调查	公关组
2019-04-21	确定展会时间	总控
	联系厂商,选择参展商品	销售组
2019-04-22	设计展会计划书	总控
	实地了解市场需求并确定下一步计划	全体成员
2019-04-23	制作宣传单页、名片和海报设计	公关组
2019-04-24	行销策略规划	销售组
	财务计划	销售组
	制定相关人员培训计划	总控

续表

时间	进度项目	负责人
2019-04-25	参展进度规划	总控
	完成参展计划书	公关组
	检查参展计划书是否存在不合理部分	总控
2019-04-28 至 2019-05-04（展前活动）	展前准备工作	全体成员
	展会前的广告投放	销售组
	确定主办单位	公关组
	设计邀请函并准备客户名录	销售组
	确定展会地点、规模	公关组
2019-05-05	申请相关批文	总控
2019-05-06	联系宣传媒体	公关组
2019-05-07	开始相关人员培训	总控
2019-05-09	参赛报名	总控
2019-05-15	完成统计参展商品及目录	销售组
2019-05-12	布置展场	全体成员
2019-05-14	最后落实参展人员每人的职责	公关组
2019-05-15	最后确认是否存在遗漏部分	公关组
2019-05-18（开展期间）	参展开始	全体成员
	现场活动的把控	
	详细记录每一个到访客户的情况和要求	
	将潜在商机和客户资料及时发给相关负责人，以便能及时处理和跟进	
2019-05-18（展览结束）	展览结束	全体成员
	处理撤展事宜，所有参展用品进行整理	
	评估参展效果，总结参展过程中的不足并加以完善	

（二）参展进度规划

1. 前期准备阶段

（1）可行性报告分析立项的条件，进行市场调查。

(2) 确定实施的具体方案。
(3) 宣传费用计划表。
(4) 寻找主办单位。
(5) 申请各种批文。
(6) 场地联系。
(7) 联系宣传媒体。
(8) 制作邀请函。
(9) 建立客户名录。

2．现场工作

(1) 布展、参展商应提前两天进行布展工作。布展期间应完成展台的搭建、展位的协调、后期款的收付、物品的运输等。

(2) 参展商签到。确定参展商的到场情况,详细记录每一个到访客户的详细情况及产品需求。

(3) 现场管理。如果对于没有把握的产品要求,不要当场允诺,应及时报告总部做出合理答复,一旦应诺,必须按质按期完成。

(4) 现场秩序维护及突发事件处理,展览期间发现问题冷静处理,将情况做成简报通知员工,扬长避短。

(5) 将收集到的潜在商机及有效顾客资料送回公司,以便及时处理及回应。

(6) 总结客户反馈信息,分析同行业产品情况销售政策,并做出相应的应对策略。制订媒体跟进计划,建立良好关系。

3．展会后的工作

(1) 监督摊位拆除,把所有东西经检查后全部带回。
(2) 展后进行清理现场、完成展会测评报告。
(3) 处理商机,对收集到的客户信息进行分类汇总,划分客户群体,制订潜在客户追踪计划。
(4) 分析同行产品情况销售政策,并做出相应的应对策略。
(5) 对签单客户进行后续访问。

附录　安庆师范大学国际经济与贸易专业建设主要历程

2005年,安庆师范大学设置国际经济与贸易专业。

2008年,安庆师范大学成立安徽省第一家大学生外贸协会,并每年举办一次全校性外贸英语秀大赛。

2012年,安庆师范大学开始招收商贸统计方向硕士研究生。

2015年,获批安徽省高等学校专业综合改革试点。

2017年,教育部高等学校经济与贸易类专业教学指导委员会委员冯德连教授来校指导专业建设。

2017年,教育部与中青朗顿(太湖)教育文化科技股份有限公司产学合作协同育人项目教学内容和课程体系改革项目《国际经济与贸易专业教学内容和课程体系改革》获批立项。

2017年,安徽省高等学校省级质量工程精品开放课程国际贸易理论与政策获批立项。

2018年,安庆师范大学国际经济与贸易专业进入安徽省本科第一批次招生。

2018年,杨国才教授当选安徽省政协委员。

2019年,殷功利博士专著《中国贸易顺差研究:结构、效应与可持续性》荣获安徽社会科学奖三等奖。

2020年,杨国才教授荣获安徽省教学名师称号。

2020年,李亦亮教授、杨国才教授、潘锦云教授、殷功利副教授等申报的《新时代流通管理类专业"双创"人才培养的研究与实践》荣获安徽省教学成果奖二等奖。

2020年,获批安徽省省级示范基层教学组织(国际经济与贸易教研室)项目。

2020年,获批安徽省省级示范课程(国际贸易理论与政策)项目。

2020年,获批安徽省省级示范课程(微观经济学)项目。

后　　记

目前,安庆师范大学已拥有国家级一流本科专业建设点6个,省级一流本科专业建设点14个。学校将抢抓机遇,结合"十四五"专业建设规划,进一步加大一流本科专业申报和建设力度,争取"双万计划"建设取得新成效。

在安徽省一流本科专业建设中,涌现出一批先进典型做法,如安庆师范大学物流管理专业,近年来出版了十几本省级规划教材,并且正在积极申报国家级规划教材;安徽财经大学国际经济与贸易专业举办的大学生国际贸易综合技能大赛,邀请全国学生几百只队伍参赛,现已成为安徽省教育厅主办的B类安徽省大学生国际贸易综合技能大赛赛事,并正在申报A类全国大学生国际贸易综合技能大赛赛事;安徽大学国际经济与贸易专业举办的大学生国际商务模拟谈判大赛,比赛成效得到高度认可,已成为安徽省教育厅主办的B类安徽省大学生国际商务模拟谈判大赛赛事。

安庆师范大学国际经济与贸易专业虽然在专业建设上取得了一些成绩,但与社会和学校对我们的期望差距还较大,为此,我们将奋起直追,围绕创业教育、创业比赛、创业孵化、创业实践四位一体创业创新人才培养模式,聚焦国际经济与贸易教研室与国际经济与贸易教工支部、国际经济与贸易学生支部、学生、企业、政府、行业协会、业内专家学者七个良性联动,创新推动国际经济与贸易专业建设高质量发展,在一流专业建设中实现更大作为。

在本书相关内容的编著过程中,安庆师范大学经济与管理学院的领导和老师们给予我们极大的启发、鼓励与帮助,他们是汪时珍教授、许俊杰书记、李亦亮教授、黄先军教授、彭长生教授、徐俊杰教授、余呈先教授、周毅博士、张支南博士、刘根节博士、梁培培博士、丁仕潮博士、洪亮博士、徐向东博士、朱外明博士、方蓬老师等,在此一并表示感谢。

感谢中国科学技术大学出版社对本书出版的支持。

编　者

2024年4月于安庆师范大学红楼